DOMAINE DU POSSIBLE

La crise profonde que connaissent nos sociétés est patente. Dérèglement écologique, exclusion sociale, exploitation sans limites des ressources naturelles, recherche acharnée et déshumanisante du profit, creusement des inégalités sont au cœur des problématiques contemporaines.
Or, partout dans le monde, des hommes et des femmes s'organisent autour d'initiatives originales et innovantes, en vue d'apporter des perspectives nouvelles pour l'avenir. Des solutions existent, des propositions inédites voient le jour aux quatre coins de la planète, souvent à une petite échelle, mais toujours dans le but d'initier un véritable mouvement de transformation des sociétés.

EARTHFORCE

Coordination éditoriale réalisée
par Cyril Dion

Traduit de l'anglais (Canada) par Uriell Colas, Simon Thépaut, Robin Leplumey, Jessica Peuze, Amélie Faye, Pauline Gauthier, Lise Le Moal, Carole Rigoni.
Les ajouts que Paul Watson a écrits pour l'édition française, dont le chapitre "Vive la France !", ont été traduits par Isabelle Roy.

ISBN 978-2-330-04795-5
www.actes-sud.fr

Capitaine PAUL WATSON

EARTHFORCE

MANUEL DE L'ÉCO-GUERRIER

PRÉFACE D'ALICE FERNEY

DOMAINE DU POSSIBLE
ACTES SUD

Je voudrais dédier ce livre à Edward Abbey, Cleveland Amory, Brigitte Bardot, Bob Barker, Robert Hunter, Farley Mowat, Steve Irwin, Sam Simon et Martin Sheen, dont les noms ont orné les proues des navires de Sea Shepherd au fil des ans.

AVANT-PROPOS

Ma rencontre avec Paul Watson en 2005 a marqué un tournant dans mon parcours d'activiste et même, au-delà, dans mon cheminement personnel en tant qu'être humain. Ceux qui ont la chance de connaître Paul comprennent d'emblée qu'ils ont affaire à une personne hors du commun. Au-delà du personnage médiatique, présenté au public à travers des images télévisuelles parfois caricaturales, Paul Watson est un homme dont chaque action est pensée et réfléchie, même lorsqu'il s'agit des actions coup de poing qui constituent l'ADN de Sea Shepherd.

Chacune de ses batailles s'intègre dans un système de réflexion politique, éthique et moral que l'on pourrait regrouper sous le terme de "biocentrisme". Une philosophie qui consiste à reconsidérer l'humain comme partie intégrante de la nature et non comme un être séparé et dominant. "Nous ne défendons pas la nature, nous sommes la nature qui se défend." La parfaite antithèse de l'anthropocentrisme.

Qui ignore encore que nous sommes entrés dans la sixième crise d'extinction massive de l'histoire de la planète, conséquence directe de cet anthropocentrisme millénaire ? La sixième de l'Histoire mais la première du genre (humain). Pour la première fois, une espèce, par sa démographie et son mode de vie, se rend responsable à elle seule d'un événement de nature cataclysmique à l'échelle planétaire : la disparition effrénée, à un rythme encore jamais vu, des êtres vivants avec qui nous partageons cet espace restreint dans l'univers, cette petite planète bleue composée à 70 % d'océan mais qu'à travers l'arrogance de notre prisme, nous avons choisi d'appeler "Terre".

Alors que nous découvrons encore des espèces inconnues, certaines disparaissent sans que nous ayons jamais eu connaissance de leur existence. L'humanité détruit aussi bien à l'aveugle ceux qu'elle ignore que, en toute lucidité, ceux qu'elle convoite. À l'instar de toutes ces espèces que nous avons exterminées au cours des siècles passés et dont nous, génération actuelle, ne ressentons pas le manque et ne pleurons pas l'absence. Comment regretter ceux que nous n'avons jamais connus ? Comment imaginer ce que pouvait être l'océan lorsque les navires devaient s'arrêter plusieurs jours pour laisser passer les milliers de baleines en migration, jusqu'ici, au large des côtes atlantiques françaises... Comment imaginer et comment savoir ce que fut ce monde-là, autrement qu'en lisant les récits historiques, archives d'un passé qui n'intéresse personne... ? Et, dès lors, comment prendre la mesure de l'étreinte mortelle de l'humanité sur la planète ? Comment comprendre à quel point nous pouvons compromettre l'avenir si nous sommes ignorants de l'étendue du mal que nous avons déjà causé ?

Parce que l'humanité n'a que peu de mémoire du passé, elle peut difficilement anticiper l'avenir et prendre aujourd'hui les décisions qui lui permettront de changer ce que sera demain.

Nous venons d'entrer en 2015. Ce qui nous place exactement trente-trois ans avant l'effondrement des pêcheries commerciales" annoncé par les Nations unies, sans que cela émeuve plus que ça les médias ou l'opinion. Et encore moins les politiques.

Pourtant il ne s'agit de rien de moins que de la mort annoncée de l'océan. Les écosystèmes marins, qui nous fournissent 80 % de l'oxygène que nous respirons et qui régulent le climat plus que toutes les forêts de la planète, cesseront de fonctionner. L'océan est vivant au sens littéral du terme : c'est la vie marine qui fait fonctionner cette énorme machinerie sans laquelle toute vie sur Terre serait impossible. Et voilà donc qu'il nous reste trente-trois ans pour infléchir le cours des choses et changer notre destinée...

Presque une cause perdue ? Peut-être pas. Des consciences s'éveillent... Encore en nombre limité certes, mais en nombre croissant et peut-être bientôt en nombre suffisant.

Dans trente-trois ans il sera trop tard, c'est donc à nous, à ma génération, qu'incombe cette ultime responsabilité. Les enfants actuels n'auront plus rien à préserver quand ils seront en âge de le faire, si nous n'agissons pas aujourd'hui. Nous sommes à une croisée des chemins et nous ne regardons pas tous dans la même direction.

Nous connaissons les constats. Nous connaissons les enjeux. Mais quel est l'intérêt de cette prise de conscience si nous ne plaçons pas en face de réels moyens d'action ? La cause est noble, la bataille est juste. Elle mérite les meilleurs guerriers, inspirés des meilleurs stratèges.

C'est tout l'objet de ce livre.

Bien court est notre passage sur Terre, un souffle, un bruissement d'ailes, et c'est la fin... D'autant plus grande est l'importance de lui donner un sens.

J'espère que cette lecture vous aidera, passé le stade de la prise de conscience et de l'indignation, à devenir des éco-guerriers efficaces, qui viendront grossir les rangs des combattants de la planète. Loin de constituer des traîtres à leur espèce, comme on les accuse souvent de l'être, ils en sont la plus grande chance.

LAMYA ESSEMLALI

Cofondatrice et présidente de Sea Shepherd France

Codirectrice de Sea Shepherd Global

PRÉFACE :
LEVER UNE ARMÉE POUR LA TERRE

Pour la première fois dans l'histoire des hommes et de leur *patrie terrestre*, la Terre n'est plus autour d'eux cet espace infini et invulnérable. En ce sens notre époque rompt avec toutes celles qui l'ont précédée. Connaître la nature pour la dominer, ce programme scientifique et politique qu'établissait au XVIIe siècle le philosophe Francis Bacon, a si bien réussi que notre prouesse biologique, technique et économique fait aujourd'hui de la société humaine l'équivalent d'une force géologique : notre activité influence l'état de la planète, au point que nous mettons la Terre en danger. Le caractère anthropogénique du dérèglement climatique est avéré. Dans la chaîne des vivants, l'humanité cause une hécatombe. Jamais le taux d'extinction des espèces n'a été aussi élevé et, si nous ne changeons pas notre usage du monde, nos enfants ne le connaîtront ni tel que nous l'avons reçu ni tel qu'il nous a façonnés. Si puissants et nombreux, nous pouvons dire que nous sommes devenus notre propre ennemi en même temps que notre seul allié. Prudence et connaissance devraient désormais éclairer les politiques publiques et les conduites privées.

Pareilles affirmations, qui dérangent tout à coup le délicieux cours du progrès (plus de vie, plus de biens, plus de déplacements, plus d'informations), sont loin d'être entendues par toutes les oreilles. Ce sont pourtant des faits, que diffusent aujourd'hui scientifiques, sociologues, philosophes, et écologistes. Parmi eux, depuis quarante ans, militant de la première heure, le capitaine Paul Watson est un personnage hors du commun, déterminé, charismatique, incorruptible et controversé.

Il est remarquable (à la fois amusant, instructif et terrifiant) d'observer les rythmes variés de l'éveil des consciences à ce nouveau devoir qui apparaît pour l'homme : préserver l'intégrité de son monde. De tout temps l'éthique concerna ce qu'un homme fait à un autre dans le temps présent où ils se trouvent ensemble : le *tu ne tueras point* protège l'autre en face de moi. Mais voilà que le pouvoir acquis sur la nature nous confère une responsabilité vis-à-vis d'elle. Il faut désormais concevoir une *éthique de la Terre*. Pareille nouveauté est double : ce dont je dois me soucier n'est pas humain (la biosphère, les espèces vivantes qui m'entourent), et ce souci, s'il s'impose dans mon présent, protège surtout un avenir que je ne connaîtrai pas. Demander aux gens des sacrifices aujourd'hui pour un demain qu'ils ne connaîtront pas et qui n'est représenté par personne, quelle utopie! dirait-on. À ce défi lancé aux citoyens du monde, les différentes réponses, rangées du meilleur au pire, sont : l'engagement radical, la responsabilité (privée ou politique), l'inconscience, l'indifférence, le déni intéressé, le cynisme organisé (corruption, pillage délibéré). C'est sur cet échiquier bouleversé que joue le capitaine Paul Watson.

Depuis l'âge de dix ans, Paul Watson a choisi l'engagement total pour la défense de l'environnement. Les castors, les forêts, les phoques, les loups, les mammifères marins l'ont tour à tour occupé et préoccupé sans qu'il se lasse ni jamais abandonne. On devine combien d'ennemis l'homme s'est faits chez les indifférents et les cyniques. Mais, dit-il, si vous n'avez aucun ennemi c'est peut-être que vous n'avez rien fait d'important. Couronné ange gardien de la planète par ses admirateurs en même temps qu'éco-terroriste par ses opposants, il ne saurait évidemment être jugé avant d'être connu, par-delà des informations parfois erronées voire mensongères qui circulent sur son compte. Bel et bien membre fondateur, sous le “matricule 007”, de l'association Greenpeace, Paul Watson s'y voit rapidement remercié pour services trop passionnés. Comme il le dit lui-même, savoir combattre ses alliés est parfois nécessaire à la défense de la cause : personne ne lui fera faire des compromis nocifs ou inutiles. On est en 1977, le capitaine fonde alors la Sea Shepherd Conservation Society, une organisation d'activistes, loin de toute bureaucratisation, favorable à l'action directe, efficace et spectaculaire, donc médiatique. Rompu à l'analyse des médias (il a lu McLuhan), le capitaine sait que faire parler de soi est fondamental quand on s'attaque à des modes de vie qui sont fabriqués par la culture dominante. Depuis trente-sept ans, l'association à taille humaine, qui n'existe pas pour perdurer elle-même mais pour que perdure la vie, sous toutes ses formes, n'a pas cessé d'intervenir : contre les trafics, contre les filets dérivants, contre la pêche à la baleine, contre le massacre des dauphins, pour ne citer que quelques exemples.

Souvent arrêté, jamais reconnu coupable, sévèrement critiqué parce que jusqu'au-boutiste, le capitaine Paul Watson, qui pratique l'agressivité non-violente, pense maintenant à sa succession. Le mouvement écologiste radical doit devenir "plus actif, mieux coordonné et bien plus redoutable". Il faut faire école. Il faut lever et former une armée pour la défense de la Terre. Ces hommes et ces femmes qui voudront être des éco-guerriers, nous dit Paul Watson, devront être "courageux, passionnés, imaginatifs et ingénieux, prêts à prendre les risques nécessaires pour changer le monde, ainsi qu'à servir et protéger notre mère à tous : la Terre". *Earthforce* est un guide stratégique pour ceux-là, qui s'opposeront à la tyrannie destructrice que l'anthropocentrisme exerce sur la nature. Le voici désormais traduit en français.

*

En lisant *Earthforce* on est touché par l'exigence de l'engagement tel que le conçoit Paul Watson. Ce traité à l'usage des futurs guerriers de l'écologie est d'abord une magnifique leçon de sagesse et de maintien. "Vous devez être moralement supérieur à votre ennemi", écrit Paul Watson. Cela signifie : pas de compromis, pas de colère, pas de haine, pas de peur, pas de réserve. Tant d'ambition haute se nourrit aux grandes références des cultures orientales et occidentales. Le capitaine a lu Sun Tzu *(L'Art de la guerre)*, Miyamoto Musashi *(Le Traité des cinq roues)*, il sait que le but noble de la guerre est la paix. Et il en définit les nobles moyens. Pour être un combattant juste, valeureux et victorieux, il faut connaître le fondement de son combat, les objectifs intermédiaires, les stratégies et les tactiques (sur le terrain, médiatiques, psychologiques, éducatives, intuitives). Il faut savoir qui l'on est (quelle stratégie nous sera adaptée) et comment le monde est fait. Il faut savoir se préparer, éviter le combat quand il est inutile, ne pas craindre la confrontation, affiner l'information, travailler la communication. L'expérience de Paul Watson autant que sa culture font de lui un merveilleux maître. Il énonce ardemment le soubassement indiscutable de son combat : le droit des hommes à exploiter la Terre et les vivants qui l'habitent trouve sa limite dans le danger qu'ils font courir à la survie des autres espèces. Nous ne pouvons pas vivre sans les animaux, ce qui leur confère à nos yeux une valeur instrumentale. Mais ils possèdent aussi une valeur intrinsèque. Pour avoir clamé ces vérités qui dérangent, les défenseurs de l'environnement ont été "emprisonnés, battus, assassinés", rappelle aussi Watson. Les terroristes ne sont peut-être pas ceux qu'on accuse.

Et comme l'a récemment fait Claire Nouvian (avec l'association Bloom), Paul Watson met au jour les dysfonctionnements du système politique, les collusions entre les élus et les lobbies, les trahisons de certains représentants, qui expliquent les autorisations votées alors que tout les contre-indique (par exemple, le maintien du chalutage en eaux profondes par le Parlement européen). Il pointe les paradoxes scandaleux de l'anthropocentrisme, qui estime et protège les œuvres humaines comme des œuvres sacrées et laisse violer la nature en oubliant que l'humanité vient d'elle, vit par elle, n'est qu'un élément parmi d'autres de la grande chaîne des vivants et des générations. "Faire tomber l'humanité de son piédestal" devient une nécessité, nous dit Paul Watson. L'homme aura alors conquis une autre grandeur : celle de son humilité et de sa clairvoyance.

*

À ma manière, je viens de passer deux années avec Paul Watson : en écrivant un roman qui rend hommage à son action. J'ai choisi de ne pas rencontrer le capitaine parce que, comme le dit Proust, on ne rêve pas de ce qu'on voit. J'ai écrit dans l'interprétation et le fantasme pour retrouver la réalité sans m'y confronter. Les romanciers ne sont pas des journalistes. Cet automne, le livre publié m'a menée à Paul Watson. Voir son modèle est une chose intéressante ! L'homme est-il à la hauteur du rêve qu'il a inspiré ? La réponse dans ce cas est oui. Je n'ai pas été déçue et j'ai été émue. Toutes les critiques que j'avais pu lire concernant le personnage étaient fausses, produites sans doute par l'intérêt et la jalousie, cela semblait une évidence. Quant aux éloges, ils allaient à un caractère et à une vie qui les méritent. Ainsi Paul Watson a raison d'écrire : si les militants écologistes paraissent "pénibles et chiants", ils seront demain, pour les générations futures, des "ancêtres respectés". Mais peut-être pourrions-nous commencer à les respecter dès aujourd'hui.

ALICE FERNEY

INTRODUCTION À L'ÉDITION FRANÇAISE

Nous avons rencontré l'ennemi et c'est nous.

WALT KELLY[1]

J'ai écrit la première version d'*Earthforce ! A Guide to Strategy for the Earth Warrior* en 1993, un an après avoir assisté à la conférence des Nations unies sur l'environnement et le développement à Rio de Janeiro, au Brésil. La première édition a été publiée voilà vingt-deux ans et beaucoup de choses ont changé. Il est temps que ce petit livre refasse surface. Aucun des engagements pris par les nations présentes au sommet de Rio en 1992 ne s'est concrétisé et, malgré cela, ces mêmes nations se sont réunies dans cette même ville en 2012 et elles ont à nouveau prétendu résoudre les menaces qui chaque année pèsent plus lourdement sur l'environnement. À nouveau, rien n'a été fait.

Nombre de mes prédictions de 1993 se sont réalisées : l'effondrement international du secteur de la pêche, la disparition des écosystèmes coralliens et le changement climatique. À présent, les hommes prennent enfin conscience que la Terre est affectée par de graves menaces écologiques. Pour y faire face, de nouvelles idées, stratégies et tactiques, ainsi qu'une nouvelle vision du monde sont nécessaires.

On constate donc une prise de conscience grandissante des menaces qui affectent notre planète et qui nous affectent également. Malheureusement, l'égoïsme et la cupidité de l'humanité, encouragés par le déni et les intérêts individuels, ont empêché les gouvernements, les sociétés et les grandes ONG de réaliser des changements notables.

Toutes les conférences internationales sur le changement climatique, la population mondiale et le développement durable, qu'elles

1. Walt Kelly, *Pogo: Porky Pine's Mouth*, Publishers Hall Syndicate, 1971.

aient eu lieu au Caire, à Copenhague, à Kyoto ou à Lima, ont uniquement abouti à la signature de conventions et de protocoles internationaux entre des nations dont les dirigeants veulent montrer qu'ils s'attaquent aux problèmes mais, en réalité, n'ont pas le courage politique ni l'éducation écologique nécessaires pour appliquer les engagements définis dans ces conventions.

Les choses changent réellement grâce à la passion, à l'imagination et au courage d'individus, d'associations locales et de petites ONG.

J'ai eu l'occasion d'observer le développement du mouvement écologiste au cours des deux dernières décennies. J'ai vu beaucoup d'erreurs mais également beaucoup d'idées et d'initiatives passionnantes et innovantes. L'édition française de ce livre me donne l'occasion de développer ces idées de stratégies de manière plus détaillée et actualisée.

Le mouvement de protection de l'environnement s'est intensifié chaque année depuis que j'ai participé à la fondation de Greenpeace en 1972. Cette année-là, nous avions également installé à Vancouver douze panneaux d'affichage avec le mot ÉCOLOGIE en majuscules. Sous ce mot, une courte phrase déclarait : "Renseigne-toi, nous sommes tous concernés."

Aujourd'hui, rares sont ceux qui ne connaissent pas sa signification. L'écologie est le mouvement dont l'essor est actuellement le plus rapide au monde et il deviendra bientôt le mouvement social le plus important de l'histoire de l'humanité. Ce ne sera pas un choix mais une nécessité.

Comme je l'ai écrit en 1993, devenir écologiste est en réalité une question d'"auto-préservation". Les systèmes écologiques sont tout simplement ceux qui permettent de maintenir la vie sur le vaisseau Terre. S'ils tombent en panne, les conséquences sont désastreuses et permanentes, pour l'humanité tout entière et pour la plupart des autres espèces.

La défense de la nature va devenir le défi à relever pour un nouveau genre de guerrier. Pendant de nombreuses années, j'ai envisagé le développement d'une philosophie et d'une discipline : la voie de l'éco-guerrier.

Si nous devons protéger la planète de nous-mêmes, nous devons construire une société de guerriers composée d'hommes et de femmes courageux, passionnés, imaginatifs et ingénieux, prêts à prendre les risques nécessaires pour changer le monde, ainsi qu'à servir et protéger notre mère à tous : la Terre.

Ce livre a été initialement publié afin de servir de guide stratégique aux personnes qui désirent changer les choses et faire réellement partie de la solution et non du problème. Rien n'a changé, il s'agit toujours d'un livre pour les personnes prêtes à se battre pour l'endroit où elles vivent : la Terre qui se trouve sous leurs pieds. L'objectif du livre est le même, seules les stratégies et la philosophie ont été actualisées.

Je pense que nous avons besoin d'une philosophie dont l'approche soit biocentrique (et non anthropocentrique) et qui serve de référence aux personnes souhaitant travailler et se battre pour un monde où l'*Homo sapiens* vivrait en harmonie avec la nature selon les lois de l'écologie.

La philosophie environnementale moderne prend ses racines dans les écrits et les actions de Henry David Thoreau et de John Muir au XIXe siècle. En 1866, le naturaliste allemand Ernst Haeckel inventa le mot *Ökologie* pour décrire son idée d'un "foyer" planétaire et d'une famille d'espèces interconnectées.

Ce mouvement fut ranimé au milieu du XXe siècle par les écrits et les actions d'Aldo Leopold, Rachel Carson, Edward Abbey, Farley Mowat, David Brower, le commandant Jacques Cousteau, Arne Naess, David Foreman, Robert Hunter, David Suzuki, Paul et Anne Ehrlich, etc.

Dans les années 1960, nous nous sommes rendu compte que l'écologie était bien plus qu'une science.

En 1964, dans le journal *BioScience*, Paul Sears déclarait que l'écologie était un "sujet subversif". Il constatait que comprendre l'écologie pouvait avoir comme véritable conséquence de changer la société humaine, la santé, la politique, l'économie. En réalité, cela pouvait tout changer. L'écologie constituait la clé pour renverser le paradigme dominant. En d'autres mots, le mouvement écologique constituait pour le statu quo la menace subversive la plus importante à laquelle il ait été confronté jusqu'ici.

Toute ma vie, mon objectif a été d'utiliser l'écologie pour renverser la tyrannie de l'anthropocentrisme sur la nature. Pour moi, l'écologie est une science, mais il s'agit également d'une série de lois. Elle est la clé pour protéger ce magnifique joyau qu'est la Terre de nous et de la folie de l'humanité. Nous avons là la seule science qui puisse former la base d'un mouvement politique mondial.

Ce livre a pour but de décrire comment la science de l'écologie énonce les lois fondamentales de notre planète (la nécessité de la biodiversité, l'interdépendance des espèces et des ressources planétaires finies) et comment elle peut être stratégiquement utilisée pour atteindre des objectifs logistiques solides.

L'écologie moderne, basée sur l'action directe, prend ses racines en 1969 lorsque moi-même et les autres cofondateurs de Greenpeace avons formé le Don't Make a Wave Committee et organisé une expédition, en 1971, sur l'île aléoutienne d'Amchitka pour nous opposer aux essais nucléaires. En 1972, nous avons changé le nom du Don't Make a Wave Committee en Fondation Greenpeace. J'étais le plus jeune membre fondateur et directeur ; mon numéro de membre à vie, 007, faisait de moi le huitième membre fondateur. Robert Hunter, qui devint mon ami pour toujours et fut, jusqu'à son décès en 2005, un compagnon régulier des actions directes menées pour la protection de l'environnement, était le numéro 000.

Ce mouvement devint plus agressif lorsque je fondai la Sea Shepherd Conservation Society en 1977 et lorsque Dave Foreman, Howie Wolke et Mike Roselle fondèrent Earth First! en 1980.

Depuis le début des années 1980, des défenseurs de l'environnement ont été emprisonnés, battus et assassinés. Le sacrifice de ces martyrs a renforcé le mouvement écologiste.

En fait, un rapport récent de Global Witness Watch révèle que 908 activistes écologistes ont été assassinés dans le monde depuis le début du XXIe siècle, dont 448 au Brésil. 109 activistes honduriens ont été tués au cours de cette même période, plaçant le Honduras au deuxième rang des pays les plus dangereux pour les défenseurs de l'environnement. Les Philippines occupent le troisième rang avec 67 meurtres, suivies du Mexique avec 40 meurtres.

En 2012, ce sont 147 activistes qui ont été assassinés, autrement dit un écologiste tué tous les deux jours et demi au cours de cette année.

À de très rares exceptions près, les meurtriers opèrent en toute impunité, dans le sens où aucun effort ou presque n'est fait pour les arrêter et les punir. Dans certains cas, il s'est même avéré que ces criminels travaillaient pour des milices locales ou d'autres groupes paramilitaires. Dans d'autres cas, les suspects étaient liés à de grosses compagnies cherchant à développer des projets que les écologistes voulaient bloquer. Mais dans la grande majorité des crimes examinés par Global Witness – pas moins de 737 – il n'existe strictement aucune information sur les suspects.

L'un des dénominateurs communs de ces pays, théâtres d'assassinats d'écologistes, est l'existence de conflits liés à la terre et aux ressources. Le Brésil est en passe de transformer ses vastes forêts tropicales en exploitations bovines et en plantations de soja, suscitant la contestation de celles et ceux qui souhaitent préserver la faune, la flore et les cultures indigènes qu'abritent ces forêts. Les meurtres commis au Honduras sont vraisemblablement liés à la transformation croissante du paysage en plantations de palmiers à huile, tandis que les intérêts miniers semblent être à l'origine de bon nombre d'actes de violence aux Philippines.

À l'échelle mondiale, ces meurtres paraissent bénéficier aux industries d'extraction comme l'exploitation forestière, l'industrie de l'énergie et l'agroalimentaire, dont l'élevage fait partie. "Le nombre de morts met au jour un niveau encore plus important de violence non mortelle et d'intimidation, que l'étude n'a pas détaillé mais qui nécessite une action urgente et efficace", précise Global Witness.

Citons, dans la liste des martyrs les plus connus, Joy Adamson (1980), Dian Fossey (1985), Fernando Pereira (1985), Chico Mendes (1988) et George Adamson (1989), parmi tant d'autres.

Preuve que de nos jours l'activisme est dangereux, nos ennemis sont nombreux et impitoyables.

L'écologie est la cause la plus universelle, la plus noble, la plus juste et la plus morale, et par-dessus tout elle représente les intérêts de tous les êtres vivants de la Terre. Nous pouvons très bien être nos propres ennemis mais nous sommes également nos propres alliés. Nous choisissons d'être du côté de la Terre à long terme. L'autre possibilité serait d'être du côté des priorités anthropocentriques à court terme.

Le mouvement écologiste est également un mouvement d'une diversité complexe et, comme tout écosystème, les mouvements sociaux sont fortifiés par la diversité. Les différentes stratégies et tactiques peuvent trouver leur voie parmi la complexité du grand éventail de l'écologie. Politiquement, il n'existe pas de gauche ni de droite car les conséquences d'une catastrophe écologique globale affectent l'ensemble de l'humanité et les solutions sont bénéfiques à tous de façon très concrète.

Ce livre est destiné à servir de guide stratégique. Dans tout nouveau mouvement en plein essor, des erreurs sont faites, qui ont parfois de graves conséquences. Le mouvement pour la défense des écosystèmes planétaires manque d'une orientation claire, d'un commandement solide, de tactiques pratiques et de stratégies efficaces.

Pour élaborer une stratégie complète, la première étape consiste à se poser les questions suivantes :

Qui sommes-nous ?

Que voulons-nous ?

Qui sont nos ennemis ?

Qui sont nos alliés ?

Qui combattons-nous ?

Contre qui nous défendons-nous ?

Qui ignorons-nous ?
Où allons-nous ?
Comment allons-nous y arriver ?
Que faisons-nous lorsque nous atteignons nos objectifs ?
Il y a beaucoup de questions et peu de réponses.

Avec ce livre, j'ai pour objectif de présenter des règles qui pourront peut-être permettre de répondre à certaines de ces questions.

Ce livre explique comment appliquer une stratégie aux mouvements de protection de l'environnement. Il s'applique également aux mouvements de défense des droits des animaux et des droits de l'homme.

La stratégie est une discipline martiale par nature. En préparant l'écriture de ce livre, je me suis inspiré de quatre sources :

La première source, fondamentale, est un petit ouvrage écrit il y a plus de vingt-cinq siècles, en Chine, par un général nommé Sun Tzu. Cet ouvrage, intitulé *L'Art de la guerre*, a été considéré par de nombreux stratèges, au fil des siècles, comme la référence ultime en matière de stratégie martiale. Il eut un impact majeur sur les événements politiques et militaires de toute l'histoire de la civilisation humaine. Pour élaborer ce manifeste sur la stratégie écologique, j'ai donc appliqué les principes élémentaires de Sun Tzu.

La seconde source est un petit ouvrage écrit vers 1645, au Japon, par un guerrier et philosophe du nom de Miyamoto Musashi. Il s'intitule *Le Traité des cinq roues*. Musashi amplifie l'importance de l'œuvre de Sun Tzu en adressant ses conseils directement aux participants d'un mouvement.

Les œuvres rédigées par Marshall McLuhan, le philosophe canadien des médias, constituent la troisième source. Dans notre culture contemporaine, les limites de ce que nous percevons comme réalité sont définies par les médias de masse. C'est au cœur de la culture qu'ils régissent que le mouvement écologiste peut se battre de la façon la plus efficace. Comprendre les médias qui dominent la culture mondiale est essentiel pour mettre en place une stratégie efficace.

La quatrième source est, en toute humilité par rapport aux précédentes, ma propre expérience en tant que militant écologiste menant une lutte sur le terrain depuis quarante ans.

Dans cette activité, j'ai tenté de mettre en pratique les leçons énoncées dans les trois premières sources. Je n'ai échoué que lorsque j'avais omis d'appliquer la stratégie fondée sur les principes de ces trois grands maîtres.

Depuis la première édition de ce livre en 1993, j'ai mené de nombreuses campagnes en mer contre la chasse à la baleine perpétrée par des bateaux norvégiens, féroïens et islandais dans l'Atlantique nord, ainsi que huit expéditions dans l'océan Austral dans le but de nous opposer à la chasse illégale des baleines par les Japonais. Nous avons également combattu les tueurs de dauphins de Taiji au Japon et les tueurs de phoques au large des côtes de la Namibie et de l'Est du Canada. Nous nous sommes opposés à la chasse à la baleine conduite par la tribu Makah le long des côtes de Washington. Nous avons implanté une mission permanente aux Galápagos pour travailler en collaboration avec la police et les rangers, afin de protéger la réserve marine du parc national des Galápagos contre le braconnage. Ces opérations ont engagé de nombreux navires et des centaines de membres d'équipage dans des eaux lointaines et hostiles, sur l'ensemble du globe.

Ces missions, depuis 1969, m'ont servi de laboratoire d'étude de la stratégie, par le biais de quarante ans de confrontations sur le terrain, dans les tribunaux, dans les médias et devant l'opinion publique. J'espère que mon expérience aidera d'autres personnes à élaborer et déployer des stratégies efficaces pour s'engager et agir de façon intelligente.

Je tiens à ce que ce livre les incite à développer leurs idées stratégiques, afin de renforcer le mouvement écologique, de le rendre plus actif, mieux coordonné et bien plus redoutable. J'espère également que ce livre continuera d'inspirer les initiatives de chacun et qu'il vous aidera à aller au bout de vos passions grâce à une stratégie claire et pratique.

VIVE LA FRANCE ![1]
RÉFLEXION POUR L'ÉDITION FRANÇAISE DU MANUEL DE L'ÉCO-GUERRIER

1. En français dans le texte. *(N.d.T.)*

La force morale, plus que le nombre, décide de la victoire.

Napoléon Bonaparte

J'ai souhaité ajouter une petite réflexion dans l'édition française du *Manuel de l'éco-guerrier* ; il s'agit d'une brève observation des stratégies de Napoléon Bonaparte, de celles qui l'ont conduit à sa perte, et de leurs liens avec les stratégies exposées dans cet ouvrage sur les campagnes, l'affrontement et les médias.

Napoléon doit avant tout son accession au pouvoir à son charisme. Or, ce charisme ne peut expliquer à lui seul comment le militaire est si vite devenu l'homme le plus puissant d'Europe pendant plus de dix années.

Journaux, livres, art, musique, religion, pamphlets : Napoléon exploitait les moyens de communication de son époque avec ingéniosité. Il a construit son image avec habileté et il s'est présenté comme le sauveur de son pays. Il mesurait tout le pouvoir de l'image, ainsi que celui de la tradition, de la religion et des rituels. Il a redynamisé l'Église non pas par conviction religieuse mais pour des raisons pragmatiques, parce qu'il savait que la religion permet avant tout de pacifier un peuple.

Quatre journaux hostiles sont plus à craindre que mille baïonnettes.

Napoléon Bonaparte

Napoléon était un tisseur de mythes. Son succès reposait sur sa maîtrise des moyens de communication de son époque. Sa capacité à créer un mythe autour de sa personne lui a permis de dominer le chaos au lendemain de la Révolution française.

Il savait l'importance de l'espionnage, de la désinformation, de la propagande. Il était conscient de la nécessité d'organiser et de planifier.

C'est néanmoins son génie militaire qui a fait de lui le maître de l'Europe. Il comprenait le terrain, les lignes de ravitaillement, l'artillerie, la cavalerie, l'infanterie et, surtout, l'art de déplacer ces dernières avec rapidité et efficacité. Il excellait dans l'analyse de terrain et savait identifier les forces et les faiblesses de ses opposants.

N'affrontez pas trop souvent le même ennemi, vous pourriez lui enseigner votre art de la guerre.

NAPOLÉON BONAPARTE

La chute de Napoléon a commencé dès l'instant où il a cessé d'appliquer ses stratégies éprouvées. Son incursion en Russie a incité son ennemi à mettre en œuvre une politique de la terre brûlée qui s'est révélée destructrice pour les lignes de ravitaillement françaises. Les Russes se battaient sur leur propre terrain et ils ont su tourner la situation à leur avantage.

La stratégie prussienne était simple. "La guerre, la guerre et encore la guerre." Ils ont mené une offensive sans répit, veillant à n'attaquer les forces françaises que lorsque Napoléon n'en exerçait pas directement le commandement. Ils l'ont isolé et ont assailli les Français sans relâche.

Le champ de bataille est une scène de chaos constant. Le vainqueur est celui qui contrôle ce chaos, le sien et celui de ses ennemis.

NAPOLÉON BONAPARTE

Napoléon Bonaparte nous apprend que l'on peut établir l'ordre à partir du chaos ; la mobilité, l'adaptabilité et la préparation sont les clés du succès.

Ses échecs nous apprennent l'importance des lignes de ravitaillement, du terrain, mais aussi de la détermination à ne laisser aucun répit à l'ennemi.

Cette citation de Napoléon me paraît extrêmement pertinente pour les activistes d'aujourd'hui : "Dix personnes qui parlent font plus de bruit que dix mille qui se taisent."

Napoléon a montré qu'un individu pouvait changer le monde pour le meilleur ou pour le pire ; or, nous avons tous la capacité d'instaurer des changements, en nous appuyant sur notre imagination, notre patience, notre courage, notre intelligence, et surtout – surtout – sur notre passion.

PRINCIPALES SOURCES D'INSPIRATION

Sun Tzu

Artiste inconnu, portrait de Sun Tzu, gravure sur bois extraite d'un livre vieux de mille ans.

Miyamoto Musashi

Utagawa Kuniyoshi, Miyamoto Musashi s'entraînant aux bâtons, *estampe sur bois (ukiyo-e), vers 1848.*

Marshall McLuhan

Photographie de Corinne McLuhan, 1973.

Paul Watson

Portrait réalisé par Sam Morse-Brown, artiste officiel du British War Museum, à bord du Sea Shepherd II *dans l'archipel des Bermudes, 1979.*

Sun Tzu

En Chine, *L'Art de la guerre* a été connu pendant des siècles sous le nom des *Treize Chapitres.* L'auteur présumé de cet ouvrage se nomme Sun Tzu ou Sun Wu. On sait très peu de choses sur lui et certains universitaires se sont demandé s'il s'agissait véritablement d'un homme ou d'une représentation fictive de plusieurs généraux.

Une analyse des armes et des situations politiques décrites dans le livre permet de préciser la période où il a été écrit. Dans la mesure où il évoque l'utilisation de l'arbalète, il a probablement été rédigé après 400 avant J.-C., qui est la date approximative où l'arbalète a fait son apparition en Chine. Le livre évoque des armées considérables et cite l'infanterie mais ne mentionne jamais la cavalerie. On peut en déduire qu'il a été écrit avant 320 avant J.-C., période à partir de laquelle le roi Wuling de Zhao s'est armé de troupes guerrières à cheval.

Le débat autour de la paternité de textes anciens a toujours divisé les académiciens. La controverse relative à l'existence de Sun Tzu a fait rage pendant des siècles et n'est pas près de s'apaiser.

Ce dont on est sûr, c'est que *L'Art de la guerre* a été écrit ou révisé par une personne unique et pleine d'imagination, qui a été concrètement impliquée dans des conflits et des combats sur le champ de bataille.

Le texte suggère qu'il s'agit d'un officier de haut rang, doté d'un talent exceptionnel pour conduire des effectifs énormes dans des combats impressionnants. Qu'importe son vrai nom, cet homme était un chef de génie et un général parmi les plus grands.

En 1782, *L'Art de la guerre* fut traduit en français par le père Amiot, un jésuite, sous le titre *Les Treize Articles.* Les jésuites ont présenté ce livre à Napoléon Bonaparte. Beaucoup d'historiens pensent qu'il a été la clé de son succès. Nous savons que Napoléon s'est fortement appuyé sur la mobilité, une technique sur laquelle insiste Sun Tzu.

Si l'on étudie soigneusement les campagnes de Bonaparte, il est clair que les tactiques de Sun Tzu furent employées avec brio par le Grand Empereur, mais il est probable qu'au final, la conviction de sa propre invincibilité fut plus importante pour lui que *Les Treize Articles.*

La guerre du Viêtnam est un exemple typique de ce qu'il ne faut pas faire d'après les enseignements de *L'Art de la guerre.* Cette guerre a duré trop longtemps et les chaînes de ravitaillement étaient trop longues. Les États-Unis n'ont pas compris la stratégie du Front de libération nationale du Sud-Viêtnam et de l'armée nord-vietnamienne. Giáp, le général de cette armée, avait scrupuleusement lu Sun Tzu. Les officiers de West Point qui l'ont affronté ne pouvaient pas en dire autant. L'issue de la guerre en Indochine était prévisible pour les adeptes de Sun Tzu.

Les États-Unis sont un pays qui vainc traditionnellement grâce à son poids et non grâce à sa stratégie, comme un sumo qui écrase un nain. Cette approche a fonctionné contre des pays comme le Panamá ou la Grenade mais elle reste limitée. La politique des États-Unis à l'étranger ne fait guère usage de la stratégie au profit de la paix. La nation réagit aux stimuli comme une amibe réagit à la lumière. La stratégie du gouvernement américain n'a jamais su reconnaître l'objectif final de la philosophie de la stratégie développée par Sun Tzu. Par conséquent, les États-Unis se sont embourbés dans des guerres à rallonge, des gouffres financiers avec des pertes civiles incalculables au Viêtnam, en Irak et en Afghanistan, des luttes perdues d'avance.

La guerre à l'américaine est meurtrière. En vérité, un des éléments déclencheurs de la montée du nazisme fut l'implication exacerbée du général John Pershing au côté des forces françaises et britanniques pendant la Première Guerre mondiale. Elle a entraîné un déséquilibre des forces, qui a permis aux Français d'humilier les Allemands. S'il n'y avait pas eu les Américains, le traité de Versailles aurait été un armistice presque équitable, qui n'aurait pas créé les conditions favorables à la montée du nazisme. Ce manque de prévoyance revient au président Woodrow Wilson. Vaincre par l'humiliation est lourd de conséquences. La stratégie doit avoir une visée à long terme et non pas immédiate.

Certaines interventions militaires américaines sont efficaces, parmi lesquelles celles des Navy Seals, des Delta Force ou des Rangers de l'armée américaine ; des groupes de combat d'élite, ultra-mobiles, soutenus activement, utilisés pour des frappes chirurgicales.

C'est par exemple un commando des Navy Seals qui a découvert et éliminé Oussama Ben Laden, et non pas la doctrine du choc et de l'effroi de George Bush ou l'invasion d'un pays sans aucune relation avec Ben Laden.

Des forces d'invasion démesurées et extrêmement coûteuses n'ont pas fait la preuve de leur valeur, si ce n'est pour brutaliser une nation envahie et faire exploser la dette de l'envahisseur.

L'OBJECTIF DE LA STRATÉGIE EST LA PAIX.

Les États-Unis n'ont pas vaincu et ne vaincront pas le communisme. Le communisme s'est vaincu lui-même, tout comme le capitalisme, l'autre système économique contre nature, finira par s'autodétruire. Ces deux systèmes économiques ne prennent pas en compte les objectifs et les conséquences à long terme.

Pour que le mouvement écologiste triomphe des ennemis de la Terre, il est impératif de développer et d'adopter une approche globale redoutable, qui s'appuie sur un certain nombre de stratégies et intègre une vision à long terme.

Ce qui ne peut pas être obtenu avec l'argent doit l'être par la discrétion. Ce qui ne peut pas être obtenu par la discrétion doit l'être par la notoriété et les médias, par la force et la loyauté au sein du mouvement, par le courage, la passion et le commandement, et enfin par la supériorité morale de la cause.

Sun Tzu était un guerrier dont l'objectif était la paix. Le mouvement écologiste est fondamentalement une lutte pour la paix et l'harmonie écologiques.

Pour le guerrier écologiste, l'objectif est la paix écologique. Le chemin vers cette paix réside dans la stratégie.

Miyamoto Musashi

Pour les Britanniques, Robin des Bois est le personnage historique le plus célèbre. Il est indépendant, anti-autoritaire, courageux, ingénieux, son code moral est à toute épreuve, il est l'incarnation d'un guerrier indépendant autodiscipliné.

Les Japonais retrouvent toutes ces caractéristiques, et bien plus encore, dans la personne de Miyamoto Musashi, un personnage historique entouré de glorieuses légendes qui toutes reposent sur des faits réels.

Miyamoto Musashi est né aux alentours de l'année 1584 et serait mort en 1645. C'était un escrimeur prodigieux, probablement le plus grand maître de kendo de toute l'histoire des arts martiaux japonais. Il a développé une technique de combat à deux épées. Il était partisan d'une autodiscipline stricte, fondamentale pour les arts martiaux.

Dans sa jeunesse, Musashi a participé à la bataille de Sekigahara, dans le camp des vaincus. Par la suite, il a poursuivi une vie de *rônin* (un samouraï sans maître), ce qui lui a permis d'avoir la liberté et le temps de se consacrer à la maîtrise de l'art du sabre. Il a affronté et vaincu les maîtres de l'école d'escrime Yoshioka à Kyoto et les moines du temple Hozoin à Nara.

Son duel victorieux le plus célèbre est celui qui l'opposa au maître escrimeur Sasaki Kojiro. Il a combattu dans le camp des vaincus lors du siège du château d'Osaka en 1614 et il a participé au massacre des troupes chrétiennes à Shimabara, sur l'île de Kyushu, vers 1637-1638. Cet événement mit fin à la pratique de la religion chrétienne au Japon pendant deux siècles.

En 1640, il entra au service du clan Hosokawa, les seigneurs de Kumamoto. Ses talents de peintre, de poète et de sculpteur égalaient ceux d'escrimeur.

Miyamoto Musashi nous a laissé en héritage le *Gorin no sho*, un livre traduit sous le titre de *Traité des cinq roues*. Contrairement à *L'Art de la guerre* qui est un livre de stratégie générale, le *Gorin no sho* s'adresse aux individus.

Son auteur, qui fut d'abord un guerrier purement instinctif, s'est transformé en un samouraï qui poursuivait les objectifs d'une autodiscipline stricte. Il a développé une maîtrise parfaite de lui-même, accompagnée d'un sentiment d'union avec la nature. Grâce à Musashi, les compétences martiales, l'autodiscipline spirituelle et la sensibilité esthétique ont fusionné pour ne faire plus qu'un.

Il est une référence pour tout guerrier engagé dans la lutte pour la planète.

Marshall McLuhan

Herbert Marshall McLuhan est né le 21 juillet 1911 à Edmonton en Alberta.

Le professeur McLuhan a enseigné à l'université de Toronto de 1946 jusqu'à sa mort, le 31 décembre 1980, en tant que professeur de lettres et chef du Centre for Culture and Technology de l'université.

Il a retranscrit sa conception des médias dans ses ouvrages : d'abord dans *La Mariée mécanique. Folklore de l'homme industriel*, publié en 1951, puis dans *La Galaxie Gutenberg. La genèse de l'homme topographique* (1962), suivi en 1964 de *Pour comprendre les média. Les prolongements technologiques de l'homme* et de *Message et massage. Un inventaire des effets* en 1967.

Le mcLuhanisme est le nom de la philosophie des médias développée par Marshall McLuhan. On définit l'application de la philosophie de McLuhan dans les rapports avec les médias comme une approche ou une stratégie “mcLuhanesque”.

Pour faire simple, la vision des médias selon McLuhan se résume ainsi : le médium, c’est le message. Chaque médium encourage certaines approches de la communication et en décourage d’autres, indépendamment de son sujet. Les médias définissent la culture et déterminent par conséquent la réalité telle qu’elle est perçue par les populations.

Une approche mcLuhanesque des médias revient à comprendre ce que les médias veulent et à transmettre votre message aux médias choisis. Si la télévision est votre médium, alors il vous faut exploiter des images et des déclarations dans des extraits courts et accrocheurs. Si les journaux sont votre médium, vous devrez porter une plus grande attention aux faits et prendre en compte ce qui fera les gros titres.

McLuhan fait la distinction entre les médias “chauds” et “froids”. La télévision est un médium “froid” qui implique le spectateur dans une participation active. Le support papier est un médium “chaud” car sa “haute définition” favorise le détachement. À titre d’exemple, une guerre, qui est un sujet brûlant, est perçue avec émotion sur un médium “froid” comme la télévision et avec détachement sur un médium “chaud” comme les journaux.

Les médias sont une extension du corps. Les journaux et les livres sont l’extension de l’œil. Cependant, les médias électroniques sont l’extension de tout le système nerveux. Les journaux informent. La télévision et le cinéma divertissent et fascinent.

Pour parvenir à ses fins, l’éco-guerrier moderne doit maîtriser les forces qui définissent la culture dominante. Dans la mesure où les médias définissent la culture, il est fondamental de comprendre leur philosophie.

Capitaine Paul Franklin Watson

Je suis né le 2 décembre 1950 sur les terres ancestrales des Hurons, sur la rive nord du lac Ontario. J'ai grandi dans l'Est du Canada, sur les terres des Algonquins et des Micmacs, aux abords de la baie de Passamaquoddy. Jusqu'en 2012, j'ai vécu sur le territoire traditionnel des peuples salishs, sur la côte ouest du Canada. J'ai ensuite élu domicile dans les îles désertes du Pacifique sud et aujourd'hui je réside à Paris. Je reste cependant lié par la pensée à ceux auprès de qui j'ai combattu à Wounded Knee, sur les terres des Oglalas lakotas. Et je demeure spirituellement lié au peuple mohawk de Kahnawake, qui m'a offert un costume traditionnel ainsi que le droit de battre le pavillon des Cinq Nations iroquoises avec la flotte de Sea Shepherd.

Au cours du mois de mars 1973, j'ai servi comme infirmier au sein de l'American Indian Movement et j'ai participé à la défense de Wounded Knee. Durant ce mois, j'ai vécu ma première et unique expérience de combat militaire. Nous avons résisté aux forces du gouvernement des États-Unis, supérieures en nombre, pendant plus de deux mois.

J'ai eu la chance de pouvoir prendre la mer très jeune. Grâce à cette expérience directe au contact de nombreuses cultures, j'ai été témoin, entre autres, de la révolution armée du Front de libération du Mozambique et du mouvement anti-apartheid en Afrique du Sud. J'ai beaucoup voyagé dans l'Est et le Sud de l'Afrique, au Moyen-Orient, en Europe et en Asie. J'ai acquis mon expérience de la mer en travaillant sur des vaisseaux marchands norvégiens et suédois, avec les gardes-côtes canadiens et sur des yachts méditerranéens.

Plus tard, j'ai étudié l'archéologie, les langues et la communication à l'université Simon Fraser, en Colombie-Britannique. Je cultive une passion pour l'histoire et mes études concernaient aussi bien l'apprentissage de la fabrication d'outils en pierre du Paléolithique que la lecture de hiéroglyphes égyptiens.

En novembre 1971, comme je l'ai déjà évoqué, j'ai navigué avec le Don't Make a Wave Committee, puis, en 1972, je suis devenu un des cofondateurs de la Fondation Greenpeace.

J'ai quitté Greenpeace en 1977 pour fonder Sea Shepherd. De 1977 à 2013, j'ai dirigé cette organisation, dans laquelle j'exerce aujourd'hui en tant que conseiller international. Durant toutes ces années, j'ai mené des centaines d'expéditions en mer en vue de combattre les activités illégales d'exploitation de la faune marine.

J'ai également provoqué et supervisé le torpillage de nombreux baleiniers illégaux et d'un phoquier, le blocus d'une flotte canadienne de phoquiers, la destruction d'une usine de traitement de la viande de baleine, l'attaque à la bombe de peinture d'un chalutier soviétique, l'éperonnage[1] de deux bateaux de pêche japonais, celui d'un thonier senneur mexicain et d'un bateau de pêche taïwanais, l'arrêt de la chasse aux dauphins japonaise sur l'île d'Iki, celui de la chasse aux phoques en Grande-Bretagne et en Irlande, un atterrissage en Sibérie soviétique pour dénoncer la chasse illégale à la baleine, et enfin l'expulsion de la flotte baleinière japonaise du Sanctuaire baleinier de l'océan Austral. J'ai aussi interféré dans des opérations d'abattage de mammifères marins dans treize pays.

Mes opérations les plus connues sont les huit voyages que j'ai dirigés dans le but de faire opposition à la chasse illégale à la baleine que mène la flotte baleinière japonaise dans l'océan Austral ; les quatre dernières campagnes ont été diffusées dans l'émission *Whale Wars*[2] de la chaîne Animal Planet.

Qui plus est, ces actions ont été accomplies sans qu'une seule blessure soit causée ou reçue par nos opposants ou par notre équipage. En outre, ces missions n'ont pas entraîné, pour mon organisation, mon équipage ou moi-même, une seule condamnation pour crime par un tribunal.

1. L'éperonnage consiste à percuter la coque d'un navire au moyen d'un éperon lors de la manœuvre d'abordage. *(N.d.T.)*
2. Émission intitulée *Justicier des mers* en France, et diffusée sur RMC Découverte. *(N.d.T.)*

Plus important encore, ces missions ont permis de sauver les vies de dizaines de milliers de baleines, de centaines de milliers de dauphins et de millions de phoques, sans oublier des centaines de loups, d'éléphants et des centaines de milliers d'arbres lors de mes diverses campagnes "terrestres".

Grâce à Musashi, j'ai appris l'importance de maîtriser de nombreux arts et compétences. Pour ma part, cela comprend l'écriture, la poésie, la prise de parole en public, le débat, les arts martiaux, l'escrime, la navigation, la marine, et une connaissance de la philosophie, de la religion, de la géographie, de la science, de l'astronomie et de l'histoire (naturelle, anthropocentrique et culturelle).

Je mentionne ces faits dans le but de vous convaincre de ma légitimité à aborder la question de la stratégie.

Ainsi, armé de l'ingéniosité de Sun Tzu, de l'autodiscipline de Musashi, de la perception des médias et de la culture de McLuhan, je peux désormais intégrer mon expérience personnelle à ce livre. Je le fais avec tout mon cœur et en souhaitant sincèrement pouvoir apporter une contribution, même faible, et diriger votre voyage sur la voie du guerrier de la Terre et pour la Terre.

LES FONDAMENTAUX

La stratégie se réalise à travers cinq voies. Ces voies portent les noms des esprits de la nature que sont la terre, l'eau, le feu, le vent et les rêves.

La terre est le fondement. Il est difficile de mettre en œuvre une stratégie grâce à une seule discipline. Vous devez connaître les plus petites choses tout comme les plus grandes, les plus superficielles comme les plus profondes. Gardez toujours l'esprit ouvert et dites-vous qu'aucune réponse n'est ferme ni définitive. Il s'agit de la première étape sur le chemin des cinq voies. La terre nous rappelle qui nous sommes et ce que nous faisons. Elle est notre matrice et la source de notre force. Quand Hercule a soulevé Antée de terre, ce dernier a perdu sa force. La terre aiguise notre conscience.

La deuxième voie est celle de l'eau. Lorsque l'eau sert d'inspiration, l'esprit devient comme elle. L'eau prend la forme de son contenant, elle est parfois un simple filet, parfois une mer déchaînée. L'eau est clarté. Elle est pureté. Elle est calme, elle est violente, elle est agressive, elle est passive, elle représente la vie. L'esprit de la victoire reste inchangé, que cette dernière soit petite ou grande. Le stratège transforme les petites choses en grandes choses. Par exemple, en usant d'une stratégie médiatique, on peut conférer à une cause locale une dimension nationale ou internationale. Selon les principes de la stratégie, le chemin de l'eau signifie que l'on possède une chose mais que l'on en connaît beaucoup d'autres.

La troisième voie est celle du feu. Cette voie fait appel au combat. Le feu est ardent, quelle que soit la taille de la flamme. L'esprit peut grandir ou se réduire. Ce qui est grand peut être perçu facilement. Ce qui est petit est, au contraire, difficile à percevoir. Un groupe rassemblant un grand nombre de personnes peut difficilement changer de position, c'est pourquoi il est facile de prédire ses mouvements. Un individu seul est difficilement prévisible. Le feu est spontané. Il représente le confort. Il est violent. Il transforme. S'entraîner jour et nuit pour pouvoir prendre des décisions sans hésiter est l'essence du feu. En stratégie, il est nécessaire de considérer l'entraînement comme une routine qui n'influence pas l'esprit. Le feu est la voie du combat et de la confrontation.

La quatrième voie est celle du vent. Elle représente la compréhension des leçons du passé et de toutes les cultures. Il est difficile de se connaître soi-même quand on ne connaît pas les autres. Les éco-guerriers doivent embrasser la diversité car elle est la force de tout écosystème et de tout mouvement. Comme je l'ai déjà précisé, j'étudie l'écologie mais également l'histoire, la géographie, la navigation, les arts martiaux ou encore la littérature, l'histoire de l'art, la science et la culture. Pour chaque route, il existe des chemins parallèles. Vous ne pouvez étudier une voie et permettre à votre esprit de s'en écarter. Si vous suivez une voie et que vous vous autorisez à vous en écarter, ne serait-ce qu'un peu, cet écart deviendra à la longue une divergence majeure.

La cinquième et dernière voie est celle de la route vers le monde de la Vision. Cette voie représente la leçon des rêves. La quête de la Vision n'a ni début ni fin. Être un rêveur signifie être passif, mais être un guerrier qui rêve signifie avoir le pouvoir. Contrôler ses rêves et les rendre réels est l'objectif du guerrier des rêves. Atteindre ce principe signifie ne pas l'atteindre. La voie de la stratégie est la voie de la nature. Quand on commence à comprendre les pouvoirs de la nature, que l'on connaît le rythme de chaque situation, on devient capable d'agir et de se battre naturellement, intuitivement, sans y penser ni hésiter.

Lorsque je me trouve en situation de confrontation, je ne réfléchis pas à une stratégie car réfléchir implique d'hésiter. Je réagis intuitivement et instantanément. Il en va de même lorsque je prends la parole en public. Je ne répète aucun discours, en fait je ne pense même pas à ce que je vais dire. Je commence simplement à parler et je laisse l'auditoire me guider, aussi bien pour le fond que pour la forme de mon discours.

Confronté aux baleiniers japonais, je réponds à leurs déplacements de façon instinctive et spontanée, tout simplement. S'ils avancent vers moi pour éperonner mon navire, je choisis de faire front ou de m'écarter sans hésiter, m'étant préalablement informé des positions des équipages et des risques de dommages. Si un baleinier approche dans le but de provoquer une collision, je me laisse la possibilité d'ajuster ma position afin d'absorber le choc et de nous épargner le plus de dégâts possible. Si j'ai l'intention de percuter un navire, je choisis la frappe qui provoquera le niveau de dégâts souhaité. Les choix ne tolèrent aucune hésitation, ils doivent couler de source et contourner tous les obstacles, tels des ruisseaux se faufilant entre les pierres.

En résumé :

La Terre est votre fondement. Cherchez à tout connaître. Ayez l'esprit ouvert et comprenez que vous ne pouvez et ne pourrez jamais percevoir la vérité. Il existe de nombreuses réalités. Accrochez-vous à la vôtre et évoluez à partir de celle-ci. Ne rejetez pas celle des autres.

S'il n'y a pas de question, alors, il n'y a pas de réponse.

GERTRUDE STEIN[1]

Pliez comme le saule mais ayez le cœur du chêne. Ondoyez telle l'eau. Soyez honnête, pur, et appréciez vos réussites. Partez de vos forces et soyez créatif. Soyez concentré, mais gardez toujours un œil sur ce qui se passe autour de vous.

Lors d'un conflit, vous devez être féroce. Apprenez à prévoir. Cultivez l'art de la Vision. Vous devez apprécier la discipline. Vous devez être préparé. Vous devez connaître le passé. Étudier l'histoire est impératif. Vous devez être au courant de ce qui se passe dans le monde actuel (et de tout en général).

1. Phrase prononcée par Gertrude Stein sur son lit de mort en réponse à "Quelle est la question ?".

Cependant, restez toujours concentré.

Vous devez être en accord avec les rythmes naturels de la Terre. Vous devez suivre votre intuition avant votre raison. Vous ne devez pas craindre la mort.

Les arts stratégiques

La stratégie est l'outil de l'éco-guerrier. Dans le monde d'aujourd'hui, peu d'éco-guerriers comprennent vraiment la voie de la stratégie.

Il existe de nombreux arts stratégiques, parmi lesquels :

– La stratégie du guérisseur,
– La stratégie du communicateur,
– La stratégie de l'artiste,
– La stratégie de l'agent infiltré,
– La stratégie de l'instigateur,
– La stratégie du chaman.

Chaque être humain doit choisir une stratégie en fonction de son intuition.

La stratégie du guérisseur consiste à guérir et à rétablir. Elle peut s'appliquer à la sauvegarde d'un écosystème tout comme à la pratique des techniques de guérison naturelle sur les organismes vivants. Le guérisseur cherche à restaurer, rajeunir, rafraîchir et réparer. Le praticien humain a pour but de contrer les conséquences négatives de l'action humaine en employant des techniques de restauration. Cette stratégie convient aux personnes délicates et attentionnées, et implique de savoir assimiler le négatif de l'extérieur tout en conservant le positif en soi.

La stratégie du communicateur consiste à transmettre des idées et à enseigner la voie de tous les éco-guerriers. Cette stratégie nécessite une nature curieuse, des compétences d'écriture ainsi que la capacité à parler et se faire comprendre.

La stratégie de l'artiste consiste à montrer du respect pour la Terre et à tenter de diminuer l'écart grandissant entre l'humanité naturelle et l'humanité aliénée. L'artiste doit aussi établir une connexion entre le présent, le passé et le futur. Cette stratégie demande une certaine intuition, de l'imagination et une habileté naturelle à communiquer efficacement.

La stratégie de l'agent infiltré consiste à opérer des changements en se glissant à l'intérieur des fortifications des ennemis de la Terre. Pour cela, il doit posséder des qualités d'espionnage, de sabotage créatif, et maîtriser les compétences que les partisans de l'anthropocentrisme jugent importantes. Cette stratégie nécessite une très forte détermination et un dévouement total, une maîtrise de l'art de la duperie, une confiance absolue et un courage sans limites.

La stratégie de l'instigateur consiste à affronter et à provoquer. Ceux qui la suivent doivent se comporter comme des aiguilles d'acupuncture qui cherchent à stimuler une réponse. Ils doivent aussi être de vrais éclairs, c'est-à-dire capables de frapper vite et avec force. Cette stratégie nécessite un très grand courage, de l'obstination, de la détermination, de l'ambition, des compétences de chef et un dévouement total à la voie de l'éco-guerrier.

La stratégie du chaman consiste à établir une connexion entre les réalités matérielle et spirituelle. Le chaman est le guide spirituel de tous les éco-guerriers. La stratégie du chaman exige de l'intuition, une disposition à être happé et guidé par le monde des rêves, une bonne capacité de perception et de l'empathie. Le chaman doit être désintéressé et se consacrer complètement au pouvoir de la Terre.

Quelle que soit la stratégie choisie, il est essentiel de se rappeler que la voie de l'éco-guerrier nécessite une acceptation absolue du fait que la Terre est éternelle à notre échelle de temps, alors que les individus, eux, sont éphémères. Chaque individu doit surmonter la peur de sa propre mort pour pouvoir progresser en tant que guerrier au service de la Terre.

L'éco-guerrier doit passer outre à tous ses problèmes personnels de bien-être et d'ambition. Ne penser qu'aux avantages pratiques liés à la connaissance de la voie, c'est finalement s'en éloigner.

Lorsque votre pensée s'élève au-dessus des problèmes qui concernent votre propre bien-être, la sagesse, indépendante de toute pensée, vient à vous. Quiconque réfléchit énormément, même en tenant compte du futur, réfléchit généralement en fonction de son bien-être personnel. Cette façon de penser ne peut qu'avoir des conséquences négatives sur la Terre. La plupart des gens ont beaucoup de difficultés à dépasser les préoccupations relatives à leur propre bien-être.

Alors, avant de vous engager dans quelque chose, vous devez fixer vos intentions sur les Quatre Serments et mettre de côté votre égoïsme. Ainsi, vous n'échouerez pas.

Les Quatre Serments

1. Toujours avoir du respect pour la voie de l'éco-guerrier.
2. Être au service de la Terre et de tous ses enfants.
3. Être respectueux de la Terre et de tous ses enfants.
4. S'élever au-dessus de l'amour et du chagrin, au-delà de l'ambition personnelle.

Existez pour le bien de la Terre et de tous ses enfants. Ne vous préoccupez pas de l'idée de succès ou d'échec. La voie de l'éco-guerrier consiste à aller au bout des choses.

Au cours des dernières années, certaines personnes se sont fait une place dans le monde en tant qu'écologistes, défenseurs de l'environnement ou des droits des animaux, guérisseurs de la Terre et du malheur des gens. En y regardant de plus près, ces gens sont souvent motivés par le profit ou la gloire. Ils ont corrompu la stratégie. Des hommes et des femmes profitent de la destruction de la Terre pour se vendre. Ils cherchent à s'enrichir ou à devenir célèbres. Certains cherchent à récupérer cette cause pour la promouvoir à des fins anthropocentriques.

Une stratégie inaboutie est une cause de douleur.

La stratégie du guérisseur

Pour suivre cette stratégie, il faut comprendre que la Terre est un organisme vivant, tout comme le sont les planètes et les étoiles. La vie est beaucoup plus compliquée que nous ne pourrons jamais l'imaginer. Sa diversité est infinie par rapport à la capacité de compréhension limitée de l'esprit humain. Nous ne pourrons jamais tout comprendre. S'il existe un pouvoir capable de tout comprendre, il n'est pas dans les capacités humaines de pouvoir le vérifier. Toute tentative pour le faire mènera au conflit ou à l'échec.

Réels ou légendaires, les grands guerriers étaient tous des guérisseurs. Musashi s'est employé à guérir la Terre en cultivant un lopin de terre très ingrat. Hercule était un guérisseur. J'ai moi-même participé au siège de Wounded Knee en tant qu'infirmier en 1973 – j'ai rejoint le mouvement des Indiens d'Amérique pour défendre le traité de Fort Laramie de 1868.

Des femmes comme Birutė Galdikas, Dian Fossey ou Jane Goodall ont agi en guérisseuses dans le cadre de leur travail auprès des orangs-outans, des gorilles de montagne et des chimpanzés. Œuvrer pour restaurer des espèces ou un écosystème, c'est aussi être guérisseur.

Nous devons apprendre à nous contenter du fait que nous ne pouvons pas tout connaître. Ce n'est pas difficile dès qu'on accepte qu'on fait partie d'un tout, et cela pour toujours. Il n'y a pas de mort collective, seulement un cycle continu de morts individuelles et de renouveau. Puisque vous faites partie intégrante de la Terre, l'inspiration viendra à vous si vous en avez besoin et seulement si vos intentions sont claires. La Terre est la somme de toutes ses parties. Les chimies organique et minérale de son être se combinent à tout ce qui est immatériel pour former son tout. Par conséquent, toutes ses parties sont importantes et doivent être respectées.

Selon la stratégie du guérisseur, il est nécessaire de comprendre que guérir une partie de la Terre, d'un humain, d'un arbre, d'un éléphant ou d'une rivière doit susciter le même respect. La vie d'un humain a autant de valeur que celle d'un animal. La vie d'un animal a autant de valeur que celle d'une plante. La vie d'une plante a autant de valeur que la montagne ou le lac.

"Vivant" désigne un état. L'eau représente la vie. Les rochers sont vivants. La vie peut être définie par la notion d'être quelque chose, l'état. Si un éco-guerrier décide d'appliquer la stratégie du guérisseur, il doit comprendre tout cela. La stratégie reste la même, seules les compétences et la tactique changent.

Pour guérir un être humain, le guérisseur doit connaître l'anatomie, les propriétés des plantes, les bienfaits de la nutrition, les besoins du corps, de la tête et de l'esprit. Le guérisseur doit savoir réparer des os cassés, faire tomber la fièvre et rediriger les énergies pour permettre au corps de se soigner lui-même. Ces personnes peuvent étudier la naturopathie ou l'homéopathie, le shiatsu et d'autres techniques pratiques. Elles peuvent enseigner ou guider les autres dans les domaines de l'éducation physique, de la nutrition, de la psychologie ou de la méditation.

Il existe de nombreuses techniques de guérison. Le choix est libre et la stratégie reste la même.

La même stratégie s'applique au guérisseur des animaux. Les compétences et le savoir diffèrent. Il est nécessaire d'étudier l'anatomie des animaux et l'éthologie afin de comprendre la nature des êtres non humains de manière intuitive.

Le guérisseur des animaux peut devenir vétérinaire naturopathe ou tout simplement se mettre au service de leur santé. Ceux qui soignent les animaux peuvent choisir de travailler avec les animaux domestiques ou sauvages. Les défenseurs de l'environnement chercheront à protéger les droits et l'habitat des animaux sauvages et à les préserver des attaques des animaux humains les plus vils et de leurs esclaves domestiques non humains. Les humains doivent exercer l'art de soigner les animaux pour le bien-être et la santé de ces derniers, et non pour satisfaire leurs propres besoins utilitaristes.

La même stratégie s'applique au guérisseur des plantes. Une fois encore, les compétences et le savoir sont différents. Il faut comprendre le fonctionnement de la vie végétale. Le guérisseur des plantes peut devenir botaniste ou jardinier. Il est important ici de se rappeler que le guérisseur doit agir pour le bien de la plante et non pour satisfaire les besoins utilitaristes des humains.

La même stratégie s'applique à tout ce qui n'est pas organique. Les compétences et le savoir diffèrent. Il est nécessaire de comprendre le fonctionnement de la chimie inorganique.

Quel que soit l'être qui a besoin d'être guéri, le guérisseur doit respecter celui qui reçoit la guérison. En même temps, il doit respecter l'interdépendance des autres états.

La stratégie du communicateur

L'art du communicateur consiste à enseigner aux autres ce qu'est la nature de la Terre ainsi qu'à communiquer les lois de l'écologie. Il est de la responsabilité du communicateur de transmettre les stratégies de l'éco-guerrier.

Si le communicateur choisit la voie du professeur, son principal rôle est d'apprendre à défendre les lois de l'écologie. Enseignez en montrant l'exemple. Ne donnez pas d'ordres. Enseignez en montrant autant de respect pour l'art que pour l'élève.

Par-dessus tout, le professeur doit être conscient de la responsabilité inhérente à la voie qu'il a choisie.

Si l'élève est un enfant, il est important que le professeur comprenne la nature de l'enfant. Il est également important que ce dernier fasse confiance au professeur et qu'il le respecte. Vous devez aussi respecter l'intuitivité de l'enfant. Développez ses capacités naturelles. Enseigner à un enfant n'est pas le plus important, il faut en premier lieu diriger sa curiosité naturelle et son intelligence en le guidant et en le soutenant.

Si l'élève est un adulte, il est important que le professeur comprenne que les adultes sont dépendants. Comprenez que l'esprit d'un adulte n'est pas aussi ouvert que celui d'un enfant. Comprenez les limites de l'esprit des adultes. Rares sont les professeurs qui peuvent passer outre à ces limites fixées par le conditionnement préalable.

Si vous choisissez la voie du journaliste, il faut comprendre que l'objectivité n'est pas forcément la règle dans les médias et que, fondamentalement, elle est exceptionnelle chez les humains. Les journalistes favorisent la droite ou la gauche, le biocentrisme ou l'anthropocentrisme. Le journaliste qui a choisi d'être du côté de la Terre doit utiliser les médias comme un moyen de promouvoir ses intérêts.

L'art du journaliste est important car les médias jouent un rôle-clé lorsqu'il s'agit d'atteindre le cœur et l'esprit de la population. Cette méthode fonctionne mieux si elle est couplée à la stratégie de l'agent infiltré. Cependant, cette stratégie peut être appliquée publiquement au sein des quelques médias de notre mouvement.

Greenpeace est une organisation créée par des journalistes. Robert Hunter, Ben Metcalfe, Bob Cummings étaient journalistes. J'étais moi-même étudiant en communication et rédacteur d'un hebdomadaire *underground* à l'époque. Bob Hunter savait que tout mouvement naît d'une histoire et il excellait dans l'art de les inventer. J'ai énormément appris de lui. C'est pour cette raison que j'ai créé l'émission *Whale Wars*. J'avais besoin de toucher les gens par le biais d'un média populaire, ce fut en l'occurrence la téléréalité.

La stratégie de l'artiste

La stratégie de l'artiste est difficile à suivre. Elle requiert de l'autodiscipline, à la fois pour appliquer et maîtriser une compétence naturelle et pour résister au monde matérialiste. Suivre cette voie implique de se rappeler que le but de l'artiste est d'œuvrer dans l'intérêt de la Terre, de combler la brèche qui s'élargit entre l'humanité biocentrique et l'humanité éloignée de la nature.

Cette stratégie requiert une intuition développée et une imagination encore plus développée.

La stratégie de l'artiste est désormais souvent délaissée à cause du monde matérialiste, qui met en avant l'ego et assouvit ses désirs. Toute personne qui veut la suivre doit donc en premier lieu cultiver cette force qu'est l'humilité.

Les meilleurs artistes ont un don pour percevoir d'autres réalités. Il est important que l'artiste serve la Terre et le futur, et pas seulement son propre intérêt. Il est aussi important que l'artiste serve la Terre et non le pseudo-monde de l'art.

Pour beaucoup, l'art est devenu une préoccupation essentielle. Certaines personnes pensent dur comme fer que les œuvres de l'humanité sont de la plus grande importance. Les pyramides, les chefs-d'œuvre des grands maîtres, les symphonies, la sculpture, l'architecture, le cinéma, la photographie et toutes ces choses matérielles et fugaces que nous avons choisies pour représenter notre culture ou nous définir nous amènent à croire que nous trouverons notre identité à travers elles. Toutes ces choses n'ont aucune valeur pour la Terre quand on les compare à n'importe quelle espèce d'oiseau, d'insecte ou de plante. Les créations de la Terre sont suprêmes et sont les seules à avoir de l'importance. Les créations des humains sont d'abord fondées sur leur vanité.

Vendre une toile de Van Gogh pour soixante millions de dollars, comme cela s'est passé il y a peu, est une obscénité. L'artiste n'en a pas profité. Le Japonais qui l'a achetée a dévasté des milliers de kilomètres carrés de forêts tropicales dans le monde entier dans le but de s'enrichir pour pouvoir acheter un peu d'hydrocarbure coloré, étalé sur une toile. L'artiste a été dévalorisé par cette destruction avide de la complexité biologique.

David LaChapelle est un exemple d'artiste couronné de succès qui a choisi de traiter des questions environnementales à travers la sculpture et la photographie, notamment pour montrer la pollution aux hydrocarbures et aux plastiques engendrée par les compagnies pétrolières à l'échelle planétaire. L'an dernier, il m'a proposé d'écrire la préface de son livre stupéfiant, intitulé *Landscape*[1].

Lorsqu'on choisit la stratégie de l'artiste, il faut reconnaître que les œuvres des hommes ne sont que des réflexions sur la beauté naturelle de la Terre et de l'univers.

Les gens admirent, achètent et possèdent des œuvres d'art en pensant désespérément que ces choses fabriquées par les humains pourront leur montrer qui ils sont, leur dévoiler leur identité. Peu y arrivent. Seuls ceux qui pratiquent vraiment la stratégie de l'artiste trouvent leur identité dans l'action de créer. Bien évidemment, il existe une certaine vertu dans le fait d'admirer et d'apprécier l'art, mais celui-ci est plus efficace lorsqu'il inspire et transmet un message fort à la fois au cœur et à l'esprit. Par exemple, le peintre canadien Carl Chaplin a créé un mouvement antinucléaire, il se sert de l'art pour montrer les merveilles du monde détruites par les bombes nucléaires.

Il est important que l'artiste contribue au bien-être de chaque sujet. Si un peintre se spécialise dans les baleines et si son travail lui rapporte des bénéfices, ceux-ci devraient revenir aux baleines. Si un musicien est inspiré par les arbres ou les montagnes, il devrait apporter une contribution à leur protection. Si l'artiste suit la voie de l'architecture, il est important que ses créations ne nuisent pas au milieu naturel ou n'entrent pas en conflit avec lui.

J'ai eu la chance d'avoir pour petit frère un peintre merveilleux qui a consacré tout son talent à transmettre son savoir sur la mer et la nature. Ma forme d'art à moi, c'est la poésie ; à Sea Shepherd, les bénévoles les plus impliqués sont des artistes dont les œuvres ornent nos bateaux, nos bureaux et nos publications.

1. Damiani, 2014 ("Paysage"). *(N.d.T.)*

La stratégie de l'agent infiltré

Il s'agit de l'art de l'espionnage et du sabotage clandestin. L'agent infiltré ne doit pas être connu comme militant écologiste. Ce genre de guerrier doit pouvoir s'intégrer culturellement au sein du groupe des opposants.

En public, il doit être vu comme un pratiquant de la religion anthropocentrique alors qu'il est en secret un fervent disciple des réalités spirituelles naturelles.

En public, il doit respecter les lois anthropocentriques alors qu'il est en secret un fervent disciple des lois naturelles de l'écologie.

En public, il doit respecter le système anthropocentrique alors que, secrètement, il se consacre à lutter contre ces forces.

C'est un art très exigeant. Les tentations sont nombreuses. Il est possible de se sentir très seul.

J'ai découvert à quel point les tentations pouvaient être grandes quand l'un de mes bénévoles, engagé depuis l'adolescence, a décidé d'intégrer une école de marine marchande dans le but de devenir un officier de Sea Shepherd. Une fois diplômé, il s'est vu offrir un poste extrêmement bien rémunéré au sein d'une compagnie pétrolière, et il a tourné le dos à la préservation de la nature. Son idéalisme a tout bonnement été acheté.

Mais pour qui sait résister à la tentation matérielle, l'infiltration est l'un des moyens de lutte les plus efficaces contre nos opposants.

En tant qu'agent infiltré, il est prudent d'être seulement en contact avec une personne qui suit la stratégie de l'instigateur. Il est encore plus prudent de ne pas se lier avec qui que ce soit d'autre.

Cette voie n'apporte pas de reconnaissance, ou alors une reconnaissance tardive, parfois même posthume. Il arrive que l'agent infiltré soit historiquement perçu comme un ennemi de la Terre. Et pourtant, la perception que les humains ont de ses contributions pour la Terre et pour les enfants du futur n'est pas pertinente.

L'agent infiltré doit connaître parfaitement les limites du système éducatif en place.

En public, il ne doit jamais favoriser les groupes qui suivent les stratégies des éco-guerriers. Cela pourrait être découvert.

Les agents infiltrés peuvent faire carrière dans le droit, les affaires, le domaine militaire, le gouvernement ou la diplomatie.

Ils peuvent passer secrètement des informations aux groupes concernés.

Il y a longtemps, j'ai infiltré une société appelée Pappas Brothers Furriers, à Vancouver – c'était le premier grossiste de fourrures au Canada. Elle cherchait de la main-d'œuvre pour ses ventes aux enchères de printemps. Mon boulot consistait à remettre les fourrures aux acheteurs à l'aide d'un monte-charge. Cela m'a donné l'occasion de prendre des photographies pour un article sur lequel je travaillais.

En 1987, le biologiste marin Sam LaBudde a intégré l'équipage d'un thonier panaméen pour une période de six mois. Il a ainsi pu filmer le massacre des dauphins dans les filets de pêche au thon. Aux États-Unis, ses images ont permis d'interdire le thon issu de pêches "nuisibles aux cétacés".

Les agents infiltrés peuvent utiliser d'autres tactiques : diffuser de fausses informations, saboter directement des équipements techniques et des plans, effacer des dossiers pour protéger des personnes appartenant au mouvement et couvrir la réattribution de fonds.

Parfois, l'agent infiltré peut choisir d'avouer publiquement son identité si les avantages en valent la peine par rapport au coût de cette révélation. Il devrait ensuite se tourner vers la voie de l'instigateur.

Parfois, l'agent infiltré peut être compatissant en public, mais sans qu'il existe de preuve directe de son implication.

Il s'agit de la stratégie de base pour l'agent de renseignements ainsi que du fondement d'un espionnage efficace.

La stratégie de l'instigateur

L'art de l'instigateur est une discipline exigeante. Son objectif principal est d'agir comme une aiguille d'acupuncture qui stimule les actions et apporte du changement.

Ce genre d'éco-guerrier doit avoir une forte notoriété publique. Il est important d'avoir de l'expérience dans l'art de se servir des médias. L'instigateur doit être un bon orateur, un bon rédacteur et un homme ou une femme d'action.

Dans cette stratégie, le guerrier doit mener les autres en montrant l'exemple. Le charisme est donc une des qualités qu'il doit développer. L'instigateur doit être fort, obstiné, droit et savoir rester positif.

Le guerrier qui choisit cette stratégie mènera, établira et dirigera des organisations. Les fondateurs d'organisations et de mouvements sont des instigateurs ; en tant que cofondateur de Greenpeace et fondateur de la Sea Shepherd Conservation Society, je me considère comme tel.

Au sein du mouvement écologiste, ceux qui suivent la stratégie de l'instigateur parleront en public, seront les porte-parole auprès des médias et mèneront des actions.

Les instigateurs doivent continuellement s'exposer au danger, à l'humiliation publique, à l'admiration du public – tout aussi pénible – et aux attaques des gardiens de la loi, de la police et des agences de renseignements.

Les généraux du mouvement suivent cette stratégie.

Ce sont eux qui établissent la stratégie de base pour la direction des opérations directes.

La stratégie du chaman

L'art du chaman exige une grande autodiscipline. Le chaman est le lien entre l'interprétation spirituelle des forces de la nature et les guerriers des autres voies qui ont, eux aussi, choisi de servir la Terre.

J'aimerais citer, parmi les chamans avec lesquels j'ai collaboré, Stuart Myiow de la nation mohawk, ainsi que Leonard Crow Dog et Wallace Black Elk des Lakotas. J'ai également tiré des enseignements du dalaï-lama du Tibet et du maître zen vietnamien Thich Nhat Hanh. Par ailleurs, j'ai eu comme ami très proche un chaman du nom de Walrus Oakenbough, qui vit actuellement dans les bois, sur une île de la Colombie-Britannique ; il m'a appris comment parlent les arbres et chantent les baleines.

Walrus Oakenbough est archéologue, il a consacré sa vie à l'étude de la culture amérindienne. En Colombie-Britannique, il a révélé l'existence d'une terre indienne dans une zone destinée à l'exploitation forestière en montrant la présence d'"arbres culturellement modifiés". Il y a de cela plusieurs siècles, les artisans indiens extrayaient des rondins de troncs d'arbres vivants sans endommager ces derniers. Les cicatrices résultantes ont permis de prouver cette pratique culturelle, et les anneaux de croissance de définir l'âge qu'avaient les arbres à l'époque.

Le vrai chaman ne se comporte pas comme un gourou. Les vertus qui lui sont nécessaires sont la sagesse, l'intuition, l'humilité, la discipline et le sens du sacrifice.

TOUS NE SONT QU'UN.

Le chaman représente la Lumière dans la stratégie. Le guérisseur est le Cœur de la stratégie. Le communicateur est la Voix de la stratégie. L'artiste est l'Âme de la stratégie. L'agent infiltré représente les Yeux et les Oreilles de la stratégie. L'instigateur est la Volonté de la stratégie.

Ensemble, ces disciplines s'harmonisent dans un mouvement de lutte composé de guerriers unis par les liens de l'amour, du respect et du devoir envers la Terre.

EARTHFORCE !
LE FONDEMENT SPIRITUEL D'UN ÉCO-GUERRIER

La vie d'un guerrier est une quête éternelle de la sagesse, de l'harmonie et de la compréhension. Cependant, il est nécessaire de comprendre que la sagesse, la paix et le savoir parfait ne seront pas atteints. Si vous ne l'acceptez pas, la déception, le désespoir et le cynisme finiront par vous accabler.

Seule la quête est réelle. C'est en l'entreprenant que l'on tend vers la perfection, l'harmonie et la compréhension.

Pour vous, seul le présent existe. Le passé appartient à ceux qui nous ont précédés. Le futur appartient aux enfants. Des leçons peuvent être tirées du passé. La sollicitude et l'amour pour ceux qui vont naître peuvent guider vos actions. Mais seul le présent peut être soumis à votre volonté et vous maintient, et c'est uniquement dans le présent que vous pouvez agir. Le passé appartient aux érudits. Le futur aux rêveurs. Le présent appartient aux vrais activistes. Néanmoins, il est important de préciser qu'un vrai guerrier est à la fois un érudit, un activiste et un rêveur.

La caractéristique la plus importante qu'un guerrier doit cultiver, c'est l'autodiscipline. En effet, elle seule permet de distinguer un guerrier des personnes ordinaires.

Vous devez vous élever au-dessus de la foule. Par le sacrifice, par la force de votre propre volonté, vous pouvez aller là où d'autres n'osent pas aller, et vous verrez ce qu'ils n'osent pas voir. Vous expérimenterez la vie comme elle doit être vécue : pleinement et intensément.

Il ne m'appartient pas de dire à quelqu'un d'autre comment ou quoi penser. Votre quête vous appartient. Votre voie doit être la vôtre, pas la mienne, et certainement pas celle des autres humains, des destructeurs de la nature et des pollueurs de la Terre.

Je suis simplement un guide, en toute modestie. Je peux seulement vous diriger vers un chemin grâce au modeste savoir que j'ai acquis. Je ne peux pas faire ce chemin avec vous ; aucune autre personne ne le peut. Vous devez l'emprunter seul, avec courage et dignité.

Je peux cependant vous dire que, pour réussir, vous devez effacer de votre cœur toutes les absurdités que la société anthropocentrique vous a inculquées. Vous devez rejeter la raison et cultiver l'intuition. Vous devez permettre à votre intuition de venir de l'intérieur et non plus de l'extérieur.

Vous devez entrer en contact avec la Terre. C'est de la Terre que vous avez jailli et c'est de la Terre que vous recevez votre nourriture et votre force. L'éco-guerrier sert la Terre. Elle prime, toujours.

La protection et la conservation de la Terre sont la priorité absolue de l'éco-guerrier. Vous devez être prêt à tout risquer, y compris votre vie et votre liberté, pour défendre son intégrité sacrée.

Vous pouvez y parvenir uniquement si vous croyez véritablement au caractère sacré de la Terre, de la nature et de la vie sauvage. Le plus grand défaut des mouvements de protection de l'environnement est l'incapacité à voir ce caractère sacré.

La culture anthropocentrique a appris à la plupart d'entre nous à considérer ses propres croyances comme sacrées. Ainsi, on considère comme blasphématoire de cracher sur la Pierre noire de La Mecque, de détruire le mur des Lamentations à Jérusalem, ou encore de dégrader une statue au Vatican. Si quelqu'un venait à commettre l'une de ces choses, son sort serait rapidement et violemment réglé, et une partie de la société anthropocentrique applaudirait sa punition. Pourtant, lorsque des bûcherons s'attaquent au caractère sacré de ce qu'il reste des forêts de séquoias en Californie, lorsqu'ils dégradent les cathédrales du monde naturel, les mouvements écologistes ne peuvent réagir qu'en lançant des pétitions, en écrivant des lettres ou en envoyant des signes de protestation.

Si, selon nous, les forêts de séquoias sont sacrées, alors nous devons considérer leur destruction comme blasphématoire, et le cas des destructeurs doit être tout aussi rapidement et violemment réglé. Pour un grand nombre d'écologistes, le débat sur le caractère sacré de la nature est purement rhétorique. La dégradation du sacré, si le sacré est véritablement sacré, inspirera toujours une colère profonde et provoquera dans tous les cas une vive réaction.

Pour un éco-guerrier, un séquoia est plus sacré qu'une icône religieuse, une espèce d'oiseau ou de papillon est plus précieuse que les bijoux de la couronne d'une nation, et la survie d'une espèce de cactus est plus importante que la conservation de monuments conçus par l'homme, tels que les pyramides.

La rage inspirée par ceux qui violent ou attaquent ce qui est sacré doit être canalisée par l'éco-guerrier au travers de la discipline. Les ennemis de la Terre peuvent uniquement être vaincus par une opposition qui emploie des stratégies et des tactiques plus efficaces. Grâce à ces dernières, la supériorité numérique et la technologie peuvent toujours être battues.

Dans la société anthropocentrique, ceux qui réclament la destruction des créations humaines ou les détruisent sont toujours jugés très durement. Si vous utilisez la technique du sabotage écologique sur un bulldozer, on vous traitera de vandale. Cloutez un arbre (technique visant à empêcher l'abattage), on vous appellera terroriste. Libérez un coyote d'un piège, on vous qualifiera de voleur. Pourtant, si des humains détruisent les merveilles de la création, la beauté du monde naturel, la société anthropocentrique appelle ces personnes des bûcherons, des mineurs, des promoteurs immobiliers, des ingénieurs et des hommes d'affaires.

En ce qui concerne la dégradation du sacré, Greenpeace a appris une grande leçon lorsque ses militants ont piétiné les géoglyphes de Nazca, en décembre 2014, afin de déployer une bannière sur laquelle on pouvait lire *"Time for change. The future is renewable. Greenpeace*[1]*."*

C'était une mauvaise stratégie et les dégâts engendrés sur ce site classé au patrimoine de l'humanité n'ont pas tardé à être dénoncés. Cependant, l'affaire a révélé que Greenpeace avait suscité une rage bien plus forte que la destruction des forêts péruviennes ou les meurtres non élucidés d'écologistes péruviens.

1. "L'heure du changement a sonné. Le futur est renouvelable. Greenpeace." *(N.d.T.)*

Il est nécessaire de cultiver une spiritualité positive, aux racines fermement plantées dans une perspective biocentrique.

L'éco-guerrier est un biocentriste. Il sert la biosphère.

Pour un éco-guerrier, aucun compromis avec les anthropocentristes n'est possible.

La Terre et ses enfants priment. Les intérêts généraux sont plus importants que l'intérêt personnel d'une seule espèce, quelle que soit l'espèce, y compris la nôtre.

L'éco-guerrier est l'égal du loup, de la baleine, du saule, de la guêpe et du troglodyte.

Il faut cependant préciser que certaines espèces sont en effet plus importantes que d'autres. Les vers, les fourmis, les bactéries et les poissons sont plus importants que les êtres humains pour la simple raison qu'ils n'ont pas besoin de l'homme pour survivre tandis que l'homme a besoin d'eux pour survivre. Ils sont essentiels à notre existence. Nous ne sommes pas essentiels à la leur.

Les espèces sont, d'une certaine façon, plus importantes que les individus.

Dans le contexte de l'égalité des espèces, on peut trouver un sens à l'appartenance planétaire. Faire partie de cet ensemble signifie être libre de l'aliénation causée par une seule espèce comme la nôtre, qui commence à se séparer de la famille biosphérique de la vie.

Pour être libéré spirituellement des chaînes de l'anthropocentrisme, vous devez à tout prix abandonner toutes les attitudes qui placent l'humanité sur un piédestal particulier.

Le Christ, Mahomet, Bouddha et Ron L. Hubbard étaient des primates, cousins du chimpanzé et du gorille des montagnes, tout comme nous sommes tous les enfants d'une espèce de singes nus. Nous faisons partie des primates et dans cette appartenance nous pouvons trouver une famille. Bien que les humains anthropocentriques se considèrent comme des légendes divines dans leur façon de penser, la réalité biologique montre qu'ils sont tout simplement des singes prétentieux, glorifiés à l'excès.

Dieu n'est pas un singe. Dieu est l'inconnu, la force féminine en harmonie divine avec la force masculine, ce qui est et ce qui n'est pas, le positif et le négatif, l'alpha et l'oméga. Dieu est tout et tout ce qui peut être imaginé. Mais la seule chose qui définit Dieu est qu'on ne peut pas le définir. Les tentatives des anthropocentristes de définir l'inconnu, de trouver une limite à l'infini, ont seulement mené et continuent à mener à un holocauste écologique et à la mort de milliards de vies.

Toutes les guerres sont nées des conflits de l'anthropocentrisme à propos de la philosophie, du territoire, des ressources et du pouvoir.

Lorsque vous embrassez les fondements d'une perspective naturelle biocentrique, vous devez abandonner et rejeter les préceptes des théologies anthropocentriques.

La vérité ne peut être trouvée ni dans les icônes chrétiennes, ni dans les écrits judaïques, ni dans les règles de l'islam, ni dans la méditation bouddhiste, ni dans la dianétique, ni dans aucune autre invention théologique de l'être humain.

Elle ne peut être trouvée dans les écrits de philosophie politique.

On ne peut trouver la vérité qu'en réalisant qu'elle ne peut pas être trouvée et que tout ne peut pas être connu, que l'infini ne peut pas être compris dans le fini. La raison de la vie est la vie elle-même. La raison de la mort est la renaissance. La raison de la naissance est la mort. L'immortalité de l'humanité, comme celle de toutes les espèces, peut être trouvée dans le Continuum[1].

La véritable essence du chemin du guerrier réside de façon codée dans les ballades des chevaliers francs. Les romans du Graal sont le fondement de la chevalerie européenne. On peut voir dans le roi Arthur l'incarnation de la gloire et de la noblesse, qui sont de grandes valeurs en cas de défaite certaine. La grandeur d'Arthur tient dans le fait qu'il servait une cause plus grande que lui (la défense de son peuple), tout en sachant qu'il échouerait inévitablement.

1. Voir le chapitre suivant.

Dans son échec, il a gagné pour sa cause le temps nécessaire à ceux qu'il servait.

Les écologistes servent la Terre et nous nous battons pour gagner du temps et préserver le territoire, minute après minute, centimètre après centimètre. Notre victoire réside dans l'accumulation d'efforts. Pour servir la cause efficacement, nous devons attirer les passions de la façon la plus stratégique possible sur une longue période de temps.

LE CONTINUUM

Dans les veines de la réalité, le temps s'écoule comme du sang. Il est la mesure de toute chose. Il dicte le début et la fin de la conscience de soi à tous les êtres vivants. Exister dans l'écoulement du temps, c'est être conscient de la réalité pendant une brève période avant de retourner à l'absence de conscience de la réalité.

La vie est l'énergie et celle-ci ne peut être ni créée ni détruite. La vie est une transition, un lien entre la conscience du passé et celle du futur.

Tous les êtres vivants de la Terre font partie de la Terre. Tous les êtres vivants de la Terre ont toujours fait partie de la Terre. Tous les êtres vivants de la Terre feront toujours partie de la Terre. En vérité, tout ce qui est vivant sur Terre EST la Terre elle-même. Tout est un. Nous sommes la Terre et nous sommes indissociables de nous-mêmes. Toute vie est interdépendante.

Tout ce qui nous a précédés et tout ce qui sera est aussi une seule et même chose.

Passé, présent et futur sont différents bras d'une même rivière. Comme les molécules d'eau d'une rivière, les êtres vivants du passé restent connectés aux êtres vivants du futur à travers les êtres vivants du présent.

C'est le Continuum de la vie.

Au moment présent, l'humanité est divisée de façon inégale en deux perspectives distinctes et radicalement différentes. Les personnes sont soit anthropocentriques, soit biocentriques.

Les personnes anthropocentriques ont choisi de s'écarter du cours de la rivière pour une brève période. Elles ne ressentent désormais plus la connexion à leurs ancêtres ni le lien de parenté avec les enfants à naître. Elles ne ressentent même plus le lien de parenté avec les autres êtres non humains du présent.

J'ai précisé que cela ne durera qu'une brève période pour la bonne raison que la pensée anthropocentrique, qui est une déviance, n'existera que brièvement avant de s'autodétruire. Le Continuum est le guide qui permet de naviguer sur la rivière de la vie. Sans le Continuum, la vie n'a pas de sens ; un tel style de vie va à l'encontre des lois écologiques et créera donc un désordre écologique.

L'individu biocentrique a un intérêt naturel pour les personnes du passé.

Les aborigènes sont très conscients des faits et des vies de leurs ancêtres, et ce, sur des centaines d'années. Les personnes anthropocentriques se soucient peu des actions et des vies de leurs grands-parents, voire de leurs parents.

Dans toutes les cultures, les enfants expriment leur intérêt pour les générations passées. Les habitants de la Terre partagent avec leurs enfants les connaissances qu'ils ont de leurs ancêtres ; ceux qui se sont séparés de la Terre rejettent ce savoir et le considèrent comme sans importance.

La connaissance de l'histoire, qu'il s'agisse de celle de la nature ou de l'être humain, est une discipline essentielle pour l'éco-guerrier.

L'histoire de la nature nous permet de comprendre l'évolution et ainsi d'appréhender de façon plus humble la place légitime de l'animal humain sur cette planète. Elle nous apprend la connexion qui existe entre tous les êtres vivants du présent et ceux du passé. Elle est l'histoire du Continuum de la vie sur Terre.

L'histoire écrite de l'humanité est en grande partie une histoire anthropocentrique. Il existe cependant des fragments de cultures plus sages parmi les traces écrites, bien que ces cultures n'aient été répertoriées que lorsqu'elles ont entravé les progrès anthropocentriques ou en ont été victimes. Des traces des peuples précolombiens de l'île de la Tortue, maintenant appelée Amérique, ou de civilisations pré-européennes de ce qu'on nomme aujourd'hui l'Australie révèlent des aperçus fascinants de cultures biocentriques. Il en va de même pour l'histoire préromaine de l'Europe du Nord ou l'histoire pré-bantoue de l'Afrique du Sud.

Grâce à l'histoire écrite de l'homme, nous pouvons en savoir plus sur les comportements biocentriques et anthropocentriques, leur évolution, le conflit qui les oppose et leurs impacts biologiques respectifs. C'est par l'histoire et l'anthropologie que nous pouvons tirer des leçons des erreurs de nos ancêtres. C'est par l'histoire que nous pouvons ressusciter le mode de vie plus positif, du point de vue de l'écologie, de nos ancêtres les plus éclairés. C'est par elle que nous pouvons connaître les conséquences, qu'il s'agisse de réussites ou d'échecs, de l'application de différentes stratégies.

L'étude de l'histoire enrichit également notre connaissance des événements passés, afin de nous rapprocher de la réalité du passé. De cette façon, nous avons une position plus solide dans le Continuum de la vie. Ne pas posséder une certaine compréhension de l'histoire équivaut à souffrir d'amnésie. Sans mémoire, nous ne sommes pas complets. La mémoire de la vie personnelle d'un individu peut être suffisante pour une personne anthropocentrique. La personne biocentrique, à l'inverse, a besoin des connaissances du passé pour se satisfaire. Sans ce savoir, le passé du Continuum est brumeux et la perception du présent est déformée.

Nous pouvons donc nous rapprocher du passé dans le Continuum par la connaissance de l'histoire. En revanche, une vision du futur est possible en cultivant notre aptitude naturelle et intuitive à imaginer.

Imaginer le futur est une capacité difficile à exploiter lorsqu'elle est étouffée par la pensée rationnelle ou logique. L'imagination vient du cœur et de l'âme, et non de la tête. Elle est la capacité à voir le passé, le présent et le futur.

Par le savoir et l'intuition, nous pouvons voir et ressentir et ainsi comprendre le passé. Par l'intuition et par nos sens, nous pouvons percevoir le présent. Par l'intuition et l'imagination, nous pouvons imaginer ou rêver le futur.

La plupart des anthropocentristes sont peu curieux d'entrapercevoir ou même de connaître le futur. Ils pensent aux inquiétudes à venir, à la prochaine paye, au prochain remboursement de prêt ou à la possibilité d'envoyer leurs enfants dans une université correcte. Leur idée de l'avenir est dirigée vers leur intérêt personnel. Lorsqu'il leur arrive de parler d'un futur plus distant, ils limitent généralement leurs discussions à leur vision du monde à venir en matière d'innovations technologiques. Les voyages dans l'espace, des gadgets toujours plus efficaces pour gagner du temps ou les découvertes relatives à l'allongement de la vie monopolisent les discussions. Les anthropocentristes parlent très peu de pollution, de l'affaiblissement de la planète ou de l'extinction des espèces, de la surpopulation, de la pénurie de nourriture et d'eau, etc. Une confiance aveugle dans l'inventivité technologique humaine dissipe toutes les inquiétudes qui iraient dans ce sens. Pour un esprit anthropocentrique, demain sera de toute façon meilleur qu'aujourd'hui parce qu'il croit qu'aujourd'hui est meilleur qu'hier.

Cette vision et la réalité que nos descendants connaîtront seront peut-être radicalement différentes.

Pour un biocentriste, les enfants et les individus de demain sont des personnes réelles. Les enfants du monde à venir dans cinq cents ans sont autant nos enfants que ceux qui sont directement et physiquement nés du contact entre nos propres corps.

Le biocentriste n'aime pas uniquement les enfants qui proviennent de sa chair mais aussi le petit enfant et l'adulte né de la femme qui existera, en vertu d'un lien direct entre maintenant et demain.

Ceux qui se disent de fervents écologistes aujourd'hui travaillent pour la plupart directement pour le bien-être et le confort de tous ceux qui vivront au cours des générations à venir.

Les militants écologistes représentent la majorité des humains parce que nous représentons tous ces milliards de personnes qui doivent encore naître dans les dix mille ans à venir et plus. En outre, les écologistes représentent les milliards d'individus des dix millions d'espèces également citoyennes de la Terre.

Nés de la Terre, nous retournons à la Terre. Le sol sous nos pieds contient la réalité matérielle des ancêtres de toutes les espèces. Sans les vies du passé, il n'y aurait que peu de sol. Pour cette raison, le sol lui-même est notre ancêtre collectif. C'est pour cela qu'il doit être sacré aux yeux des humains comme il l'est pour les autres espèces citoyennes de la Terre.

L'eau de la Terre est le sang de la Terre, et dans son immensité on trouvera la molécule d'eau qui a un jour donné vie aux cellules de nos ancêtres de toutes espèces. L'eau que vous avez bue a coulé autrefois dans le sang d'un dinosaure, ou bien a été bue par des fougères précambriennes ou rejetée dans les urines d'un mammouth. Elle s'est servie de la vie de toutes les choses vivantes comme d'une partie de son système circulatoire. Elle circule dans la terre et l'atmosphère, dans les glaciers et dans les corps de tous les organismes vivants. Elle est le lien qui maintient toutes les espèces ensemble et connectées intimement et pour toujours. Ainsi, l'eau est sacrée.

L'air que nous respirons est passé au travers d'un nombre incalculable de systèmes respiratoires vivants et, ainsi, a été chimiquement stabilisé par les plantes et les animaux. Sans les vies qui se sont écoulées, il n'y aurait plus d'air à respirer. Les gaz nécessaires à la vie émergent de la respiration de tous les organismes vivants. La vie de tous les organismes passés a nourri l'atmosphère. Ainsi, l'air est sacré.

Parce que le sol, l'eau et l'air sont sacrés par la contribution de toutes les vies passées, nous devons reconnaître que le passé est sacré et, ainsi, que le souvenir de nos ancêtres est sacré.

Nos vies dans le présent devraient être sacrées pour tous les organismes vivants du futur. Cependant, dans le royaume de l'humanité, la contribution des humains du présent sera une bonne leçon pour illustrer le fait que les êtres humains naturels ne devraient pas s'écarter aveuglément du chemin de la nature, hors du cours du Continuum. Si notre espèce survit, nous incarnerons LA leçon.

Pour ceux qui vivent dans le présent, la seule façon de contempler le futur est de le faire au travers des sentiments d'amour. L'amour pour nos enfants, les enfants de nos enfants et leurs enfants à l'infini, ou jusqu'à la fin de notre espèce et au-delà, jusqu'à la fin de la Terre.

Nous devons toujours penser aux conséquences de nos actions et de nos décisions sur les personnes du futur. Il existe une expression iroquoise qui dit : "Quoi que vous fassiez, vous devez penser aux conséquences de vos actions sur les sept prochaines générations."

Lorsque vous devenez père ou mère, vous êtes obligé, au sein du Continuum, d'assumer la responsabilité de la protection, de l'alimentation, du soutien et de l'éducation de l'enfant. Ne pas respecter ces obligations est la plus grande des irresponsabilités et l'un des crimes les plus graves qu'un humain puisse commettre.

Avec la naissance d'un enfant, les parents enclenchent une série d'événements qui se propageront dans l'avenir de la Terre. Avec une naissance, vous avez le potentiel d'en engendrer des milliers. La psychologie d'une génération affecte profondément celle de la suivante, et ainsi de suite.

Dans le contexte de la nature, tous les animaux peuvent tuer leur petit s'ils ne peuvent garantir la sécurité et la santé de leur progéniture. Dans certains cas, une augmentation de la population peut menacer la santé du petit. Dans un tel cas, celui-ci EST sacrifié avant la naissance afin de maintenir la stabilité de l'ordre naturel.

L'avortement est une lourde responsabilité et celle-ci doit être assumée par les femelles de toutes les espèces. Les hommes et les femmes sont également responsables du bien-être de chacun des membres de leur famille. Néanmoins, l'avortement est de la responsabilité de la femme. Elle seule peut décider si elle est psychologiquement et physiologiquement capable de donner naissance et d'assurer le développement de l'enfant. Pour cela, elle doit également être certaine du soutien de son partenaire. La décision est sienne, le fardeau émotionnel à supporter et à gérer est également le sien, une fois encore, heureusement, avec le soutien de son partenaire responsable.

Tant que l'enfant à naître est physiquement connecté à sa mère, tous deux forment une seule et même personne. L'enfant n'est pas un individu s'il ne peut pas vivre sans être rattaché à sa mère. La femme, en tant que maîtresse de son propre corps, a tous les droits pour juger et décider du bien-être et du futur de son corps, de son esprit et de son âme.

Lorsque la société anthropocentrique proclame que la loi de l'État prévaut sur la liberté de la femme à décider de son propre destin et du chemin de sa propre destination, une telle législation équivaut à une intrusion de la puissance brutale de l'État sans visage.

Forcer une femme à procréer contre son gré est un viol.

En rendant illégal l'avortement prénatal, l'État donne naissance à la pratique de l'avortement postnatal. Ainsi, un enfant emprunte le chemin de la vie avec des cicatrices émotionnelles dues à l'absence d'amour et d'attention et à la maltraitance. On a pu observer des comportements criminels pervers (des crimes sexuels aux meurtres de masse) chez ceux qui ont subi un avortement postnatal, infligé par les préceptes de l'État-nation contre le choix responsable de la mère.

Cela ne signifie pas que tous ceux qui décident d'avoir un enfant font des choix responsables. Nous sommes si éloignés de la nature que notre espèce est largement coupable d'avoir donné naissance à des enfants sans suivre le guide du Continuum.

Par conséquent, la menace la plus dangereuse pour le futur est apparue : l'explosion mortelle des populations humaines.

La société anthropocentrique accorde plus d'importance à la quantité de vie qu'à la qualité de vie. Plus les humains sont nombreux sur la planète, plus chaque vie perd de la valeur. Par conséquent, cette société a massacré plus d'une centaine de millions de personnes, rien qu'au cours du XXe siècle, dans des guerres de territoires et d'idéologie absurdes.

Les États-nations exigent que la population s'accroisse, d'abord par les naissances, puis par l'immigration. Les quantités représentent une force politique et des bras à employer dans l'industrie, l'agriculture et l'effort de guerre. Ces derniers secteurs sont les trois plus grands fléaux que la société anthropocentrique ait infligés au monde naturel.

L'Église catholique condamne à la fois le contrôle des naissances et l'avortement car sa force institutionnelle réside dans le nombre de fidèles et non dans le dévouement individuel.

Dans un monde biocentrique comme celui dans lequel ont vécu les hommes pendant des dizaines de milliers d'années avant l'invention de l'agriculture, de petits groupes d'humains peuvent vivre en harmonie avec la nature. De nos jours, on peut observer des preuves de cette relation harmonieuse dans les cultures des Bochimans en Afrique ou dans certaines des tribus autochtones d'Amérique du Sud ou d'Indochine.

Avant le développement de l'agriculture, l'espèce humaine s'était stabilisée, avec une croissance de la population égale à zéro. Depuis le développement de l'agriculture et particulièrement depuis celui de l'industrie et de la technologie, la Terre a été témoin d'une croissance exponentielle de la population humaine.

La seule solution à cette situation est de mettre en œuvre une croissance négative de la population. Dans la mesure où celle-ci relève d'un choix éthique, la perspective de réussir à la mettre en place dans une société anthropocentrique est lointaine.

Cependant, à moins que l'espèce humaine ne fasse le choix de diminuer sa population délibérément et humainement, nous devons anticiper cette intervention par les lois de l'écologie et les conséquences que cela implique.

Notre comportement déviant sera corrigé par la nature lorsque notre population excédera la capacité d'accueil de la Terre. Cela se produira au cours du siècle prochain. Les calculs fondés sur la croissance de la population actuelle indiquent une population d'environ onze milliards d'ici à 2100. Une fois que notre population aura dépassé la capacité d'accueil, elle s'effondrera en raison de facteurs naturels tels que la famine, la maladie, la pénurie d'eau, le manque d'abris, la pollution et les conflits. Avant même cet effondrement, un déclin insidieux de la qualité de vie de tous les êtres vivants se produira.

Cet effondrement a déjà commencé dans de nombreux endroits du monde et s'intensifiera rapidement.

Il y aura des survivants comme il y en eut durant les grandes épidémies meurtrières en Europe, lesquelles commencèrent au XIIe siècle. Néanmoins, l'expérience ne sera pas plaisante. La mort, la misère, la souffrance et l'humiliation d'une telle expérience feront paraître toutes les épreuves et toutes les afflictions du passé bien insignifiantes par leur portée et leur impact.

Et les survivants, à moins qu'ils ne retournent au Continuum, mettront en place les bases d'un modèle qui mènera encore et encore à l'effondrement des populations.

Nous ne devrions pas léguer un tel héritage aux personnes du futur à cause de notre actuelle absence de vision. Désirons-nous laisser aux enfants de nos enfants la mort, la misère et la destruction en héritage ou leur transmettre notre amour à travers les âges en prenant des mesures pour préserver la beauté et la diversité de la vie sur Terre, telle qu'elle est aujourd'hui, telle qu'elle a survécu jusqu'à aujourd'hui ?

Rappelons-nous que nous, les enfants d'aujourd'hui, avons été privés de nombreux trésors naturels par quantité de nos ancêtres qui ont massacré, violé et pillé lors de leur passage dans ce monde. Des milliers d'animaux et de plantes n'ont pas survécu à cause du manque de vision qu'exprimait l'avidité de certains de nos ancêtres. Aujourd'hui, l'avidité de beaucoup d'entre nous privera les enfants du futur de tels trésors.

C'est seulement au cours des cinq cents dernières années que les superbes cultures biocentriques de l'Australie, de l'Afrique et des Amériques ont été détruites. Dans ce bref laps de temps, la civilisation anthropocentrique n'a eu de cesse de détruire les merveilles de la nature et les trésors des étendues de terre vierges, qui y résidaient en harmonie naturelle.

Ce dont les enfants de nos enfants ont besoin, c'est que nous exprimions notre rage en tant que guerriers. Nous devons nous battre, pour montrer l'exemple par nos actions. Nous devons exercer avec toute notre force individuelle et collective la volonté de nous replacer dans l'étreinte de la Terre.

Nous devons retourner dans le jardin du monde naturel. Nous devons nous révolter contre la pensée anthropocentrique. Nous devons une telle révolution à ceux du futur. Par notre révolution, nous pouvons réparer les erreurs du passé.

Nous autres du présent sommes responsables en tant qu'espèce des actions de notre espèce par le passé. Nous sommes responsables en tant qu'espèce du bien-être de ceux de notre espèce à naître. Nous sommes également responsables de nos actions actuelles et des conséquences que ces actions ont à la fois sur nous-mêmes et sur les autres membres de notre espèce qui partagent le présent avec nous. Nous sommes également responsables de nos actions actuelles et des conséquences que ces actions ont sur tous les êtres vivants avec qui nous partageons le présent.

Si nous prenons la peine de bien faire dans le présent, le futur pourra prendre soin de lui-même. Passé, présent et futur. Ensemble ils sont… le Continuum.

1. Les préparatifs

Animis opibusque parati[1].
Semper paratus[2].

Pour le mouvement écologiste et ses militants, la stratégie a une importance capitale. Elle est décisive pour l'issue d'une action, d'une campagne ou d'une initiative. C'est sa supériorité par rapport à une autre qui détermine la réussite ou l'échec, la liberté ou l'emprisonnement, ou bien la vie ou la mort.

Il est essentiel que tous les militants écologistes soient formés à l'art de la stratégie et il est irresponsable de ne pas le maîtriser. Ne pas comprendre la stratégie peut entraîner des blessures, mener à l'emprisonnement ou à la mort, que ce soit pour vous, vos partisans ou encore vos alliés. Pire encore, ne pas comprendre la stratégie peut mener à l'échec, et ainsi à la destruction de l'environnement et/ou de ses habitants.

Il serait préférable pour l'environnement et le mouvement écologiste qu'une personne ne fasse rien, plutôt que d'essayer de mener une campagne sans stratégie, ou bien avec une stratégie incomplète ou médiocre.

Depuis la première édition de ce livre, il y a eu de nombreuses arrestations et condamnations de militants. Beaucoup de ces condamnations auraient pu être évitées si ces militants avaient étudié les règles de la stratégie définies dans ce livre.

Toute stratégie requiert une étude préalable soignée et méticuleuse. Elle est, par ailleurs, gouvernée par cinq facteurs constants qui doivent tous être pris en compte et étudiés minutieusement.

1. En latin : "Préparé en esprit et en ressources." *(N.d.T.)*
2. En latin : "Toujours prêt." *Semper paratus* est la devise des gardes-côtes américains. *(N.d.T.)*

Sun Tzu décrit ces facteurs comme étant la Loi morale, le Ciel, la Terre, la Vertu, ainsi que la Méthode et la Discipline.

La **Loi morale** signifie que votre cause doit être honnête et juste. Vous devez être moralement supérieur à votre ennemi. Ce facteur est souvent désigné comme le fait de prendre l'avantage moral.

Si vous détenez l'avantage moral et ne déviez pas de ce chemin, vos camarades de combat vous suivront et vos alliés vous appuieront sans se préoccuper des risques et du danger qui les entoure.

Au sein du mouvement écologiste, deux types d'avantages moraux doivent être considérés. Pour vos militants, ceux qui maîtrisent la perspective biocentrique de l'éco-guerrier, il est important que vous demeuriez vertueux dans votre respect des principes biocentriques. Tant que vos affiliés seront satisfaits de la cohérence de votre fondement philosophique, peu importe la façon dont vous présentez vos points de vue à l'intérieur de la stratégie projetée.

Fort des campagnes que j'ai organisées, impliquant de nombreux navires et des opérations simultanées dans différentes parties du monde, je me suis rendu compte que le meilleur moyen de diriger, c'est de déléguer. Je ne fais pas de micro-gestion et, même si cela pose parfois problème, il n'y a généralement pas de meilleure marche à suivre. Les chaînes de commandement fonctionnent bien, à condition d'être constituées d'officiers forts et loyaux.

Je ne communique qu'avec les capitaines de mes navires. À leur tour, ils communiquent avec les officiers supérieurs, lesquels relaient les informations aux sous-officiers, qui enfin transmettent les ordres et les responsabilités à leurs équipages respectifs.

Sauf cas exceptionnel, je soutiens les ordres des capitaines, et j'attends d'eux qu'ils soutiennent ceux de leurs officiers.

Vous disposez de deux esprits distincts, utilisez les deux. D'un côté, votre esprit terrestre comprend la nécessité d'employer la duperie pour présenter vos arguments. Votre esprit universel, le vrai "vous", peut rester en paix puisqu'il sait que votre duperie ne sert pas à se jouer de vous ni de vos alliés, mais bien à tromper vos ennemis.

La duperie est une arme. Ne l'utilisez pas contre vos amis et, plus important encore, prenez garde à ne pas vous duper vous-même.

Puisque nous travaillons dans une société anthropocentrique, nous devons être conscients de l'avantage moral anthropocentrique. Nous devons être préparés à montrer un avantage moral supérieur qui soit significatif pour nos opposants : un avantage moral anthropocentrique d'apparence, mais biocentrique de nature.

Au moment opportun, vous devez sembler plus chrétien que les chrétiens eux-mêmes sans pourtant faire partie des leurs, plus humaniste que les humanistes eux-mêmes sans en faire partie et plus patriote que les patriotes sans en être un, etc. Cela implique d'être minutieusement formé aux pensées et croyances anthropocentriques et philosophiques. Tous les biocentristes doivent s'efforcer de comprendre la pensée anthropocentrique dans ses moindres détails. Un bon stratège doit pouvoir utiliser les arguments philosophiques de l'opposition à son propre avantage.

Priez le Seigneur et enveloppez-vous dans le drapeau, si c'est ce qu'il faut pour que votre message soit entendu. Cette stratégie a fonctionné pour George Bush et c'est aussi celle qu'utilise Sarah Palin. Elle peut donc marcher aussi facilement pour nous. La stratégie est une discipline indépendante des buts.

... cette facilité des hommes à croire ce qu'ils désirent.

JULES CÉSAR[1]

Les écologistes estiment souvent qu'ils ont raison et que l'écologie est juste en soi. Cependant, nous devons garder à l'esprit que ce qui est juste est une question de perception. Les gens voient et entendent ce qu'ils veulent. Ce qui est juste ou vrai pour un

1. Jules César, *Commentaires sur la guerre des Gaules*, III, XVIII, Didot, Paris, 1865.

individu ou un groupe peut ne pas l'être pour d'autres ou pour l'opinion publique telle qu'elle est représentée par les politiciens et influencée par les médias.

> *La technologie de l'imprimerie a créé le public. La technologie de l'électricité a créé la masse. Le public se compose d'individus distincts, chacun disposant de points de vue différents et arrêtés. Les nouvelles technologies impliquent que l'on abandonne le luxe de cette attitude, cette perspective incomplète.*
>
> MARSHALL MCLUHAN ET QUENTIN FIORE[1]

En d'autres termes, la nouvelle technologie est celle de la conformité absolue. Les médias modernes sont comme les extraterrestres dans *L'Invasion des profanateurs de sépultures*[2] ou comme les Borgs dans *Star Trek* : "Toute résistance est inutile. Vous serez assimilés."

À moins que...!

Vous devez vous libérer de l'influence des médias. Pour survivre, il faut vous en servir au lieu d'être leur pantin. Ne croyez pas tout ce que vous lisez dans les journaux, sur le Net, ni ce que vous entendez à la radio ou ce que vous voyez à la télévision. Prenez soin de tout analyser, car les médias sont l'équivalent de la matrice telle qu'elle est présentée dans le film.

Les médias définissent la vérité et votre propre vérité peut être travestie en mensonge par la puissance des médias modernes.

1. Marshall McLuhan et Quentin Fiore, *Message et massage : un inventaire des effets*, trad. T. Lauriol, Jean-Jacques Pauvert, Paris, 1968 (édition originale : *The Medium is the Massage: An Inventory of Effects*, Bantam Books, New York, 1967).
2. Film de science-fiction réalisé en 1956 par Don Siegel.

Buckminster Fuller était l'un de mes premiers conseillers ; sa toute première recommandation fut la suivante : Ne laisse pas un seul journaliste contrôler tes propos. Si tu estimes qu'une question n'est pas pertinente, réponds-y simplement en communiquant l'information que tu souhaites véhiculer.

Pour un éco-guerrier, l'état d'esprit biocentrique peut être légitime et juste. Cependant, pour la société anthropocentrique en général, le biocentrisme est une aberration. Vous devez envelopper votre supériorité morale d'une façade anthropocentrique séduisante. Faites travailler les médias pour votre cause afin qu'ils délivrent votre message.

Mon approche vise simplement à maîtriser l'ensemble des médias. J'ai créé *Whale Wars*, nous avons également produit ou participé à de nombreux documentaires, et nous travaillons à la réalisation d'un grand film d'action. Cela dit, je ne néglige pas pour autant la presse écrite, les conférences, les débats, la poésie, les beaux-arts, la mode et le sport.

Au sein du mouvement écologiste et plus précisément du mouvement de défense des animaux, le prosélytisme des végétaliens et le culte de la supériorité chez certains d'entre eux peuvent servir à unifier de petites bandes aux centres d'intérêt communs, mais ils tendent à éloigner l'ensemble de la population. En d'autres termes, vous ne devez pas confondre votre stratégie avec la rhétorique de la sorcellerie, du paganisme, de l'anarchisme, du New Age, ou bien avec d'autres points de vue minoritaires. Vous ne devez pas non plus vous aliéner le public anthropocentrique en vous habillant ou en vous comportant d'une manière qui menace la moralité de la majorité.

Le meilleur activiste est celui que l'on ne remarque pas, celui qui s'infiltre, qui fait semblant de faire partie d'un groupe, car il devient alors très efficace.

Je ne suis pas en train de vous dire que vous devez vous conformer aux valeurs de l'ordre social anthropocentrique. Quand vous prêchez aux Romains, il est préférable de ressembler à un Romain et de vous comporter comme eux car les gens ne font confiance et n'aiment que ceux qui leur ressemblent.

Devenez une toile blanche sur laquelle vous pouvez peindre une nouvelle identité. Ne portez pas de signes d'appartenance ou ne transmettez pas vos croyances, À MOINS QUE cela ne fasse partie de votre stratégie à long terme.

Si vous pensez qu'un public est réceptif à l'approche biocentrique ou bien que cette approche peut choquer positivement votre public, de manière à provoquer une réflexion de sa part, utilisez cette stratégie. Un public éduqué sera plus réceptif au biocentrisme qu'un public sans éducation.

Si vous tentez de propager la pensée biocentrique, vous devez donc être capable d'expliquer votre position avec esprit et par vos connaissances. Comprendre le biocentrisme est insuffisant, il vous faut comprendre intuitivement la vie de l'être humain au sein de la biosphère. Vous devez comprendre les principes de l'écologie et les lois de la nature. Vous devez pouvoir ressentir le rythme des saisons, les phases de la Lune et être en osmose avec les forces de la Terre et de la Vie.

Il n'est pas suffisant de savoir que votre cause est juste, vous devez convaincre le public qu'elle l'est bien plus que celle de votre adversaire. Celui-ci tentera de soutenir que sa position est juste en faisant référence au besoin de travail, de traditions, de valeurs culturelles ou en séduisant une communauté et en essayant d'opposer "nous" à "eux". Il essaiera de vous salir avec des étiquettes dénigrantes. Vous devez être prêt à essuyer ces attaques et à contrer les stratagèmes et complots de votre adversaire.

Quand vous en aurez l'occasion, retournez la stratégie de votre adversaire contre lui-même. Si un promoteur promet de l'emploi pour faire pression, attirez l'attention de votre public sur les dangers pour la santé des enfants, si nécessaire, ou bien faites remarquer que les emplois ne seront qu'à court terme et que les impôts augmenteront pour payer le développement des services et des infrastructures.

Soyez prévenant sans jamais avoir l'air trop sérieux.

Utilisez votre intelligence et votre humour, mais n'en faites pas trop. Ne soyez pas cynique. Ne vous adressez jamais directement à votre adversaire, mais profitez d'une discussion ou d'un débat pour vous adresser au public en général. En même temps, vous devez rester courtois envers votre adversaire et ne jamais perdre votre sang-froid en public. Restez calme, confiant en votre projet et ne perdez jamais le fil de vos réponses.

Aujourd'hui, la nature des médias de masse est telle que la réalité n'a plus d'importance. Ce que le public perçoit comme réel et vrai est ce que les médias de masse définissent comme tel. Ronald Reagan avait bien compris que les faits n'ont pas d'importance. Les médias rapportaient ses paroles comme des faits et les enquêtes qui suivaient n'étaient déjà plus d'actualité quand elles paraissaient. Un commentaire à la une dans le journal du lundi surpasse de loin la révélation des inexactitudes publiée dans une petite rubrique du mardi ou du mercredi.

> *Tous les médias nous investissent totalement. Ils sont tellement pénétrants en leurs conséquences personnelles, politiques, économiques, esthétiques, psychologiques, morales, éthiques et sociales, qu'ils ne laissent aucune partie de nous intacte, vierge, immunisée. Le médium est le message. Toute compréhension du changement social et culturel passe par la connaissance de la façon dont les médias fonctionnent comme environnements.*
>
> MARSHALL MCLUHAN ET QUENTIN FIORE[1]

1. Marshall McLuhan et Quentin Fiore, *op.cit.*

Pendant son mandat, le président américain Ronald Reagan avait toujours réponse à toutes les questions qui lui étaient posées, et ses réponses n'étaient pas toujours précises ni véridiques. Cependant, aujourd'hui personne ne se souvient de lui pour son imprécision mais parce qu'il était le "Grand Communicateur". Ce surnom lui a été donné parce qu'il n'était jamais à court de réponses et qu'il était capable d'expliquer les choses de façon que les citoyens américains puissent les comprendre et les apprécier. Ne vous inquiétez pas si votre discours manque de précision, restez confiant et parlez sans hésitation. Du moment que votre message est sincère, les statistiques et les détails sont secondaires. Il ne faut pas vous laisser distraire par des futilités.

Depuis la première publication de ce livre en 1993, j'ai été discrédité de nombreuses fois à cause de cette déclaration. Cependant, je soutiens ce que j'ai dit. Les entreprises et les politiques mentent constamment aux médias et aux citoyens. Le président George W. Bush a déclaré une guerre sur un mensonge. Ce livre n'est pas là pour vous faire la morale sur la vérité, mais pour faire avancer votre cause et remporter des batailles grâce à une stratégie. Sun Tzu était très clair quand il a déclaré que la base de la stratégie était la duperie.

Le refus d'intégrer la duperie à votre stratégie peut mener à la défaite et à la perte de votre cause, car vous laissez paraître une faiblesse.

Pour cette édition, j'ai décidé d'approfondir le sujet de la duperie et d'y ajouter le chapitre "L'art et l'usage de la duperie stratégique".

Vous devriez également vous concentrer sur la conception de symboles forts pour chaque cause, des symboles qui permettent d'attirer l'attention du public, comme les nouveau-nés, les enfants, les bébés animaux, les beaux animaux, les arbres et les plantes, ou encore les paysages. Insistez sur le caractère noble, beau et innocent de ce que vous défendez et, surtout, ne soyez pas abstrait. Les médias modernes détestent ce qui est abstrait.

Faites simple !

Si votre cause est la pollution de l'eau ou les pesticides, montrez l'image d'un enfant dont la santé est menacée. Si c'est la vie sauvage qui vous tient à cœur, concentrez-vous sur tout ce qui est mignon, noble ou beau (en référence aux notions anthropocentriques préconçues). Si c'est un milieu naturel, choisissez un animal qui représente cet habitat et qui accentue sa beauté et sa grandeur.

Par exemple, s'il s'agit des forêts tropicales d'Amérique centrale, utilisez la photo d'un jaguar pour votre campagne. Pour l'Antarctique, montrez un pingouin ; pour l'Afrique, un éléphant. Rappelez-vous que vous aurez du mal à mobiliser l'intérêt du public pour l'armoise, l'holothurie, le bigorneau ou le rat. Subtilement, vous devez rallier une cause peu séduisante à la campagne d'une cause plus attirante pour le public. Par exemple, sauver les thons est aussi important que de sauver les dauphins, mais les dauphins sont plus attendrissants. Une campagne pour protéger de l'empoisonnement au mercure les enfants au Japon ou les îles Féroé au Danemark va tout de suite attirer l'attention sur les dauphins ou les ***baleines-pilotes***. Ces deux espèces tireront ainsi profit de cette campagne pour la protection des enfants.

Soyez prêt à recruter des célébrités pour parler de votre cause et la soutenir. Le public est attentif aux célébrités et elles peuvent l'influencer.

C'est grâce au soutien de personnalités telles que William Shatner, Pierce Brosnan, Christian Bale ou encore Richard Dean Anderson que nous donnons l'impression d'être une organisation importante, mais cela ne repose que sur les qualités imaginaires attribuées au capitaine Kirk, à James Bond, à Batman ou à MacGyver.

Célébrité égale crédibilité.

Oubliez le ridicule ou les critiques. Rien n'est vraiment accompli si l'on n'a jamais enduré ce genre d'attaques. Elles sont sans importance et futiles. La confiance est votre défense contre le ridicule et les critiques.

Préparez toujours une stratégie médiatique efficace.

Rappelez-vous de toujours jouer le jeu des médias avec leurs propres règles.

Rappelez-vous que les médias ne sont intéressés que par la transmission de votre message et non par son contenu. Ils veulent des faits, mais pas de données. Du scandale et du sexe, mais pas de statistiques. De la violence et des photos, mais pas de points de vue. Malgré les dires des médias, les faits ne sont pas une priorité pour la plupart d'entre eux. Rappelez-vous que le réseau de télévision Fox Network[1] se prétend "juste et équilibré" *("fair and balanced")*.

Les sociétés ont toujours été modelées bien plus par la nature des médias par lesquels les hommes communiquent que par le contenu de la communication.

MARSHALL MCLUHAN[2]

Ne reconnaissez jamais que vous êtes la cible d'une campagne de dénigrement médiatique, car cela accroît la crédibilité de votre adversaire. Pour contrer une ruse mise en œuvre par votre ennemi, vous devez mettre au point une stratégie supérieure à la sienne.

Il faut toujours être confiant, instruit, savoir se maîtriser, ne jamais perdre le contrôle des événements et ne jamais être sur la défensive lors d'un débat dans les médias ou en public. Battez-vous comme David contre Goliath et évitez de montrer tout signe de faiblesse, car être l'outsider a ses avantages. N'apparaissez jamais

1. Réseau de télévision commercial américain, détenu par Rupert Murdoch et favorable aux positions des conservateurs. *(N.d.T.)*
2. Marshall McLuhan, *Pour comprendre les média : les prolongements technologiques de l'homme*, trad. J. Paré, Mame, Paris, 1968.

trop puissant, trop riche ou trop fort, restez discret mais gardez vos atouts en réserve. Appâtez votre adversaire et, si vous ne pouvez toujours pas obtenir la victoire, abattez vos atouts.

Les médias modernes peuvent servir à deux fins : premièrement, à accroître la prise de conscience du public et, deuxièmement, à faire avancer les choses. Une stratégie médiatique peut être conçue pour l'une ou l'autre fin, ou bien pour les deux en même temps.

Si vous êtes confronté à une publicité négative, faites d'elle un atout. Toute publicité peut être tournée à votre avantage. Comme l'a dit un jour Oscar Wilde, "il n'y a qu'une seule chose qui soit pire que d'être la cible des commérages, c'est de ne pas l'être[1]".

À chaque occasion, utilisez votre humour : c'est la meilleure stratégie pour déjouer toutes les critiques.

On dit que la voie du guerrier est la double voie de la plume et de l'épée.

MIYAMOTO MUSASHI[2]

On dit que la voie de l'éco-guerrier est la double voie de la caméra et de la confrontation.

CAPITAINE PAUL WATSON, 1984.

1. Oscar Wilde, *Le Portrait de Dorian Gray*, A. Savine, Paris, 1895.
2. Miyamoto Musashi, *Le Traité des cinq roues*, 1645.

Tenez compte de l'environnement !

Vous devez prendre en compte l'ENVIRONNEMENT, c'est-à-dire que vous devez vous organiser en fonction du jour et de la nuit, du froid et de la chaleur, des heures et des saisons.

Choisissez toujours les vêtements, les équipements et les moyens de transport adéquats. Ne vous laissez pas piéger par le climat ou le manque de visibilité. Gardez toujours un œil sur l'heure et faites votre possible pour être ponctuel.

Lorsque vous vous défendez, évitez de le faire dans des conditions défavorables mais, lorsque vous attaquez, exploitez-les.

Considérez le brouillard et l'obscurité comme un avantage pour dissimuler votre approche, tenez compte des phases de la Lune et n'apparaissez jamais en plein jour. Préparez-vous à faire face aux parasites, insectes venimeux, reptiles et autres animaux ou plantes potentiellement dangereux. Respectez ces citoyens de la vie sauvage. Essayez de les comprendre, car tout être de la nature doit être considéré comme un allié.

Travaillez avec eux et non contre eux.

Sachez distinguer et utiliser les propriétés des plantes médicinales ou comestibles. Apprenez à survivre en pleine nature ou sur l'océan. Soyez attentifs aux plantes et aux animaux autour de vous.

Familiarisez-vous avec la géographie et la géologie, quel que soit l'endroit où vous vous trouvez. Le sol est-il composé de sable, de cailloux ou d'argile ? Où se situent les sources d'eau ? Y a-t-il du bois à brûler ? Dans quel sens souffle le vent ? Va-t-il pleuvoir ou neiger ? Soyez prêt à affronter toutes les situations.

Lorsque vous êtes dans une zone urbaine, vous devez pouvoir vous repérer. Pouvez-vous retrouver votre chemin dans la ville ? Savez-vous où se trouve l'hôpital ? le commissariat de police ? la caserne des pompiers ? Connaissez-vous le réseau de transport public de la ville ? les quartiers dangereux pour vos objectifs ?

Avez-vous une issue de secours ? une couverture ? un alibi ? Êtes-vous bien protégé ?

La théorie de la SITUATION signifie que vous devez inclure dans votre plan les distances, le danger et la sécurité, les espaces en terrain découvert et les espaces clos, les hauteurs et les risques de survie ou de mort, de blessures ou de capture.

Avez-vous les moyens de transport suffisants pour faire de la route ? Est-ce que votre passeport est valide ? Êtes-vous prêt à affronter le danger ? Vous êtes-vous entraîné pour assurer votre sécurité ? Dans le cas d'un accident ou d'une attaque, avez-vous fait le nécessaire en termes d'assurance médicale et d'assurance vie ? Est-ce que votre testament est à jour et valide ? Ce sont des points importants à prendre en compte. Si vous n'êtes pas assuré, vous serez un fardeau pour vos camarades de combat et vos alliés.

Commander implique un commandement

Les chefs doivent être avisés, avoir de l'intuition, être sincères, pleins de ressources et bienveillants, mais ils doivent également savoir être stricts et avoir du courage.

Il existe neuf sortes de chef :

– Ceux qui dirigent avec honnêteté et qui traitent leurs semblables équitablement et avec courtoisie. Un tel chef connaît les situations de ses militants et remarque leurs problèmes. Ces chefs sont appelés **humanistes**.

– Ceux qui ne cherchent pas à éviter les tâches et ne sont pas influencés par le profit. De tels chefs placent l'honneur avant tout et sont appelés **chefs dévoués**.

– Ceux qui ne se laissent pas aller à l'arrogance parce qu'ils sont haut placés. Un tel chef ne se vante pas de ses victoires mais sait rester sage et humble, tout en continuant d'être à la fois fort et tolérant. Ce sont des **chefs courtois**.

– Ceux dont les actions sont imprévisibles et mystérieuses, et dont les mouvements et réactions varient. Un tel chef peut transformer une défaite certaine en victoire. Ceux-là sont les **chefs intelligents**.

– Ceux dont la vie est un exemple pour les autres. De tels chefs sont les **saints** du mouvement écologiste et sont une source d'inspiration.

– Ceux qui mènent leurs militants sur le terrain. Un tel chef montre son courage et ses compétences lorsqu'il est face à son ennemi. Ce sont les **chefs de terrain**.

– Ceux qui affrontent les obstacles écrasants et les dangers d'une campagne en ne manifestant aucune peur et en restant calmes. De tels chefs sont toujours en première ligne pendant une percée et à l'arrière-garde lors d'un retrait. Ce sont les **chefs de première ligne**.

– Ceux qui ont un don pour la communication, qui comprennent et savent se servir des médias. Ce sont les **chefs charismatiques**.

– Ceux dont les compétences, les tactiques et le courage inspirent la peur et le dégoût dans le cœur de leurs opposants. De tels chefs ne refusent jamais un bon conseil et sont toujours humbles et fermes. Ils présentent toutes les caractéristiques vertueuses du commandement. Ce sont des hommes et des femmes simples et pourtant très stratégiques. Ce sont de **grands chefs**.

Les talents de commandement

Détecter la traîtrise et le danger.
Gagner la fidélité de ses semblables.
Pouvoir se lever tôt et veiller tard.
Avoir des mots discrets et pourtant judicieux.
Être direct mais prudent.
Avoir le courage et la volonté de se battre.
Avoir une allure martiale et être acharné.

Comprendre les difficultés des autres et protéger ses affiliés du froid et de la faim.
Être digne de confiance et juste.
Pouvoir comprendre la psychologie du public et les tactiques de communication des médias.
Pouvoir lire les signes du ciel, de la terre, de la mer et des étoiles.
Protéger tous les êtres vivants et la Terre en prenant conscience que nous ne faisons qu'un.
Avoir une tendresse maternelle pour tous les êtres vivants.
Diriger avec le cœur, planifier avec l'esprit, combattre avec le corps et triompher avec l'âme.

80 % du succès réside dans le fait d'être vu.

WOODY ALLEN

En d'autres mots, soyez actif et non réactif, bougez-vous et investissez-vous. Prenez des initiatives. Levez-vous et soyez présent.

Les maux du commandement

La richesse devrait venir comme un don du ciel, sans mérite ni justification. L'argent devrait être comme la grâce, un cadeau. Travailler dur et monter des combines n'en vaut pas la peine.

EDWARD ABBEY [1].

1. Edward Abbey, *A Voice Crying in the Wilderness: Notes from a secret journal*, Saint Martin's Press, New York, 1989.

Ne soyez jamais cupide.
Ne soyez jamais jaloux ou envieux de ceux qui sont plus avisés, plus doués ou plus riches que vous.
Ne devenez jamais ami avec des traîtres et ne croyez pas les mots des calomnieux.
Ne jugez jamais sans vous juger d'abord.
Ne soyez jamais hésitant ou indécis.
Ne vous laissez jamais influencer par la flatterie ou conseiller par les flatteurs.
Ne soyez jamais dépendant de l'alcool, des drogues, des jeux d'argent ou du sexe.
N'agissez jamais avec malveillance.
Ne soyez pas un lâche.
Ne vous vantez pas ouvertement et restez toujours courtois.
Ne soyez jamais renfermé sur vous-même.

Les compétences du commandement

Connaître la disposition et la puissance de l'ennemi.
Savoir comment se rapprocher ou s'éloigner de l'ennemi.
Connaître la faiblesse et la force de l'ennemi.
Comprendre la nature, et la psychologie de l'être humain.
Connaître la géographie, le terrain et la situation sur le terrain des opérations.

Les vices de l'arrogance chez les chefs

Un chef ne doit jamais être arrogant. L'arrogance mène à l'impolitesse qui, elle, vous aliène vos militants et vos alliés. L'aliénation mène à la rébellion.

Par la MÉTHODE et la DISCIPLINE, vous devez comprendre l'importance d'adapter vos forces. Vous devez savoir déléguer les responsabilités. Vous devez entretenir vos forces. Vous devez comprendre comment gérer vos dépenses, la base de vos ressources. Afin de planifier correctement une campagne et de la remporter, vous devez répondre aux questions suivantes :

Votre position est-elle moralement supérieure à celle de votre ennemi selon les valeurs et la morale de la société ?

Quel camp a le meilleur commandement ?

Quel camp a l'avantage géographique ?

Quel camp est le plus motivé ?

Quel camp récompense le mieux ses militants ?

Quel camp fait le mieux respecter la discipline ?

Dans quel camp les chefs et les militants sont-ils le mieux entraînés et ont-ils le plus d'expérience ?

Quel camp est le plus puissant ?

Quel camp a la meilleure stratégie médiatique ?

Cette réflexion détermine à l'avance si une campagne sera gagnante ou perdante. Au sein du mouvement écologiste, il existe quatre structures de travail : les individus, les groupes d'action, les organisations et les coalitions (qui réunissent plusieurs groupes).

La structure individuelle concerne les agents infiltrés et les saboteurs. Ils doivent être sous couverture et faire profil bas. Le commandement est singulier et personnel, et la responsabilité ne concerne que l'individu.

Un groupe d'action est un petit groupe d'individus opérant seul ou au nom d'une organisation. Il doit y avoir un chef de terrain. Si le groupe d'action agit au nom d'une organisation, il doit y avoir un dirigeant organisationnel, auquel le chef de terrain rend compte. Les groupes d'action peuvent être médiatisés ou non, selon la stratégie employée.

Une organisation doit avoir un bon dirigeant avec une chaîne hiérarchique et une liste de responsabilités clairement définies. Les organisations peuvent opérer ouvertement mais les interventions secrètes doivent être déléguées à un groupe d'action.

La plus efficace des approches politiques est de lier les organisations aux coalitions. Ici, le danger est que la force d'un groupe d'action s'arrête aux limites de son membre le plus faible. Cependant, il est possible qu'un groupe plus puissant manœuvre les organisations membres les plus faibles pour qu'elles soutiennent une approche plus forte. Utilisez la diplomatie et la duperie si nécessaire.

La duperie

Toute confrontation est basée sur la duperie. C'est ce qu'on appelle la stratégie paradoxale.

Lorsque vous avez les capacités d'attaquer, vous ne devez pas en avoir l'air.

Lorsque vous êtes actif, vous devez paraître inactif.

Lorsque vous êtes proche, votre ennemi doit croire que vous êtes loin, et inversement.

Appâtez votre ennemi.

Faites semblant d'être désorganisé, puis frappez.

Si votre ennemi est à l'abri, soyez prêt.

Si votre ennemi est plus fort que vous, fuyez.

Si votre ennemi perd patience facilement, irritez-le.

Faites de votre faiblesse une excuse, et cultivez l'arrogance de votre ennemi.

Si votre ennemi est à l'aise, assurez-vous qu'il ne soit jamais tranquille.

Si les forces de votre ennemi sont unifiées, cherchez à les diviser.

Attaquez lorsque l'ennemi n'est pas préparé.

Apparaissez à l'improviste.

Un chef qui gagne est un chef qui a des plans précis.

Même une stratégie intuitive ou improvisée doit faire partie d'un plan.

Préparer ses plans est un facteur important dans l'art de la stratégie quand il est appliqué au service de la biosphère.

Soyez préparé à la mort.

D'une façon générale, la voie du guerrier est l'acceptation de la mort.

MIYAMOTO MUSASHI[1]

L'éco-guerrier, comme tous les guerriers, doit se préparer à la mort. Vivez pleinement chaque jour comme si c'était le dernier.

Ne faites pas de vos actions inachevées un fardeau. Soyez en paix avec ceux que vous aimez. Honorez vos amis et chérissez ceux que vous aimez.

Surveillez vos ennemis, soyez vigilant, mais ne cédez jamais à la peur.

La connaissance et l'acceptation de l'inéluctabilité de la mort, couplées à l'acceptation de votre mort, vous libéreront et vous permettront de combattre sans crainte.

Hoka hey[2]

2. La duperie. L'art et l'usage de la duperie stratégique

La stratégie est un art complexe et exigeant.

Dans ce chapitre, je prendrai comme exemples les campagnes que j'ai réalisées entre 2002 et 2011 dans l'océan Austral afin de freiner les activités illégales de la flotte baleinière japonaise.

1. Miyamoto Musashi *op.cit.*
2. Expression lakota qui signifie : "C'est un bon jour pour mourir."

Comme je l'ai déjà dit, Sun Tzu est, à mon avis, le penseur de la stratégie le plus brillant de l'histoire des civilisations. Son œuvre *L'Art de la guerre* m'a servi de guide pendant des dizaines d'années et mon livre se veut, lui aussi, un guide stratégique pour les guerriers écologistes. Il s'inspire d'ailleurs de certains passages du chef-d'œuvre de Sun Tzu, vieux de deux mille cinq cents ans.

La pratique de l'aïkido, du kendo et de l'escrime occidentale dans ma jeunesse m'a beaucoup appris sur la stratégie. En outre, grâce à l'étude des écrits de Miyamoto Musashi, j'ai développé au fil des années une approche des campagnes et des actions qui a garanti la survie et l'efficacité de la Sea Shepherd Conservation Society.

Cette approche s'est également adaptée aux temps modernes en prenant en compte la stratégie des médias et la philosophie de Marshall McLuhan.

Les médias modernes représentent un champ de bataille où des idéologies s'affrontent. Sur ce champ de bataille, la vérité est manipulée et devient donc une arme stratégique. Il n'existe aucune autre vérité objective que celle de la science, et la vérité subjective est la source même des conflits. Si vous contrôlez les médias, vous contrôlez la perception de la réalité. L'exploitation des idées par le réseau Fox est différente de celle de CNN, de MSNBC ou de la National Public Radio[1]. Tous les conflits sont le résultat de désaccords quant à la perception de la réalité. Le quatrième et le cinquième pouvoir (les médias et l'opinion publique) sont la clé du contrôle et de la manipulation de la perception.

1. CNN, chaîne d'information continue qui appartient au groupe Time Warner, peut être considérée comme étant au centre droit. MSNBC serait plutôt favorable au Parti démocrate. Quant à la National Public Radio, elle s'adresse à un public relativement cultivé.

Règles d'engagement

Comme je l'ai déjà dit, depuis le jour où j'ai fondé la Sea Shepherd Conservation Society, en août 1977, nous n'avons jamais été condamnés par un tribunal civil. Nous n'avons jamais été reconnus coupables de crime. Nous n'avons jamais blessé personne et mon équipage n'a jamais subi de blessures importantes. Mais surtout, comme je l'ai déjà dit, nous sommes parvenus à défendre des habitats et des espèces protégées et en voie d'extinction, tout en sensibilisant la population mondiale à la question de la diminution de la biodiversité et de la destruction des milieux naturels de notre magnifique planète.

Nous y sommes parvenus en organisant et en mettant en place des campagnes basées sur la discipline et sur une bonne compréhension des environnements médiatiques.

La duperie est, selon Sun Tzu, la base de la stratégie. Parfois, elle est confondue avec le mensonge. La différence entre ces deux pratiques est que le mensonge est immoral, alors que la duperie est stratégique. La distinction entre le mensonge et la duperie est en fait une question de point de vue. La vérité est toujours un mensonge aux yeux de l'adversaire. Lorsque vous êtes faible, faites en sorte que l'on vous croie fort. Lorsque vous êtes fort, faites en sorte que l'on vous croie faible. Ne laissez jamais l'ennemi prédire vos actions. De l'imprévisibilité et de la duperie découle le succès des confrontations et des campagnes. Concentrez-vous sur vos objectifs et comprenez que la fin justifie les moyens, dans le cadre des règles d'engagement adoptées pour une campagne. Ne soyez jamais fidèle ni infidèle à vous-même. Ne soyez jamais prévisible ni imprévisible. Ne laissez jamais l'ennemi comprendre qui vous êtes ni d'où vous venez. Faites en sorte qu'il soit confus, sur la défensive, provoquez-le, troublez-le, irritez-le, trompez-le, embrouillez-le, puis écrasez-le.

La duperie envers vos alliés, votre femme, votre mari, vos enfants, vos parents ou vos amis peut être qualifiée à juste titre de mensonge. La duperie envers un ennemi n'est rien d'autre que de la stratégie. Un combattant qui ne suit pas cette règle sera tout simplement passé à côté de la définition même de la stratégie.

En 2008, j'ai orchestré une stratégie basée sur la duperie qui s'est avérée très efficace. Tout d'abord, nous devions lancer un événement marquant afin de porter toute l'attention du public en Europe sur le massacre des phoques au Canada. Cette action était nécessaire afin d'accroître le soutien au projet de loi européen sur l'interdiction des produits dérivés du phoque. Ensuite, nous avions besoin de "mettre à la retraite" notre bateau, le *Farley Mowat* : il était vieux et ses coûts d'exploitation ne faisaient qu'augmenter. J'ai donc échafaudé une opération que j'ai baptisée *Tar Baby Farley*[1], d'après le conte traditionnel *Bibi Lapin*. L'opération doit son nom à Bébé Goudron, personnage que Basile et Boniface utilisaient comme un appât pour attraper Bibi Lapin. Une fois capturé, ce dernier les implorait de faire ce qu'ils voulaient mais de ne surtout pas le jeter dans les ronces. C'est bien sûr ce qu'ils faisaient : or, c'était l'endroit où vivait Bibi Lapin, qui parvenait donc à ses fins en prétendant être effrayé par ce qu'il souhaitait.

J'ai donc envoyé le *Farley Mowat* dans la glace du golfe du Saint-Laurent et j'ai poussé le ministère canadien des Pêches et des Océans (MPO) à nous attaquer, ce qu'il fit effectivement. Et, cerise sur le gâteau, il nous attaqua, nous, un équipage européen non armé, avec un raid d'une équipe d'élite de la Gendarmerie royale du Canada, dotée d'armes automatiques et d'un équipement d'assaut militaire, fournissant ainsi aux médias européens des photos spectaculaires.

1. Tar Baby désigne le personnage de Bébé Goudron, mais également, dans un langage argotique, une embrouille.

J'avais pris soin de diriger l'opération de loin, afin de ne pas être vu, et de placer à bord un équipage composé uniquement d'officiers européens. Il était important de ne pas porter l'attention sur moi en tant que Canadien et de la focaliser sur mon capitaine hollandais, Alex Cornelissen, et mon premier officier suédois, Peter Hammarstedt.

Le MPO mordit à l'hameçon, intercepta le *Farley Mowat* et inculpa le capitaine et le premier officier pour violation de l'absurde Seal Protection Act canadien, dans ce cas pour avoir approché de trop près et sans permis un abattage de phoques.

J'ai saisi une autre opportunité médiatique en confiant à l'équipage un petit sac de pièces de 2 dollars canadiens et en indiquant que, si le gouvernement agissait comme des pirates, nous allions payer la rançon de notre équipage avec des *doubles loons* (la pièce de 1 dollar canadien est appelée *loon*, faisant de la pièce de 2 dollars un *double loon*).

Les Européens en furent scandalisés et cela aida à faire passer la loi qui interdit les produits canadiens dérivés du phoque. Le capitaine et le premier officier furent expulsés et le bateau fut confisqué. Je refusai alors de payer l'amende, et le gouvernement répondit avec la menace de saisir le bateau. Je leur rétorquai qu'ils pouvaient le saisir sans problème.

L'histoire se solda par une amende impayée, et nous nous sommes débarrassés avec succès de notre trop vieux bateau avec l'aide du gouvernement canadien. Les deux objectifs ont été atteints.

Il est important de comprendre que, dans cette affaire, tout était calculé. Nous avions anticipé l'attaque et nous avons laissé celle-ci et la saisie du bateau tourner à notre avantage.

Ne vous souciez jamais des critiques venant de vos ennemis. Elles sont au contraire un signe de votre succès. Lorsque vos ennemis contrôlent la situation, ils n'ont pas besoin de critiquer. Les critiques constructives venant des alliés et des amis sont les bienvenues. Toutes les autres ne sont que défensives et témoignent de la faiblesse de leur auteur. Lorsque votre ennemi vous critique, il expose sa faiblesse. Plus la critique est violente et irrespectueuse, plus la position de votre ennemi est faible et dangereuse. Toutes les critiques doivent donc être considérées comme un signe de votre succès face à votre adversaire.

Si vos ennemis portent des accusations à votre égard, ignorez-les. S'ils deviennent furieux, contrariez-les. S'ils deviennent conciliants, ne leur faites pas confiance. Vos ennemis doivent toujours rester visibles et audibles. Un ennemi silencieux est plus à craindre qu'un autre. Ceux qui parlent agissent peu, et ceux qui parlent peu agissent.

Ce n'est pas la critique qui compte, ni l'homme qui pointe du doigt là où l'homme fort a trébuché, ou ce qu'un homme efficace aurait pu mieux faire. Non, le crédit revient à l'homme qui est effectivement dans l'arène. Celui dont le visage est marqué par la poussière et la sueur et le sang. Celui qui lutte vaillamment, qui se trompe et qui y arrive presque encore et encore et encore. Celui qui connaît les grands enthousiasmes, les grandes dévotions et qui se dépense pour une cause de valeur. Celui qui, au mieux, connaît le triomphe pour de grandes réalisations et qui au pire, s'il échoue, échoue au moins en osant considérablement, de sorte que sa place ne sera jamais, au grand jamais, avec ces âmes froides et timides qui ne connaissent ni la victoire, ni la défaite.

THEODORE ROOSEVELT[1]

1. Theodore Roosevelt, 26e président des États-Unis, extrait d'un discours prononcé à la Sorbonne le 23 avril 1910.

La duperie est mise en œuvre de différentes manières selon sa nature. L'approche des médias est différente de celle de la justice ou des autorités politiques. La duperie est l'essence de la politique, de la police. Les médias eux-mêmes sont une duperie agissant sous l'illusion trompeuse de l'objectivité. Ils définissent la réalité et représentent donc l'outil de duperie par excellence. Les médias institutionnels définissent la réalité d'une manière complètement différente de celle des médias alternatifs. Internet est l'application ultime de la duperie car il permet à n'importe qui de se faire passer pour quelqu'un d'autre et de présenter ses propres opinions comme des faits. Les faits n'existent pas. Seule la perception que l'on en a est réelle. La réalité elle-même n'est que la perception que l'on en a, chaque personne vivant dans sa propre réalité.

L'objectivité est une duperie. La durabilité est une duperie. L'aide étrangère est une duperie. La chasse à la baleine à des fins scientifiques est une duperie. La religion et la politique sont de profondes duperies. La duperie définit l'histoire de la civilisation et ne peut être ignorée. Toutefois, elle peut être comprise et orientée vers ce que l'on perçoit comme étant juste plutôt que vers ce que l'on perçoit comme étant mauvais. Encore une fois, ceci n'est qu'une histoire de perception. Pourtant, ceux qui utilisent la duperie dans un but que beaucoup considèrent comme mauvais semblent prédominer en raison de leur absence de scrupules concernant cette pratique.

Je conçois la réalité d'une manière différente des autres et les autres la perçoivent d'une manière différente de moi, car nous percevons chacun la réalité en fonction de nos propres perceptions, jugements et expériences. Il est impossible de définir une vision unifiée et universelle de la réalité. Ainsi, comme je l'ai déjà dit, la vérité pour certains est un mensonge pour d'autres. La réalité d'une personne devient une abstraction pour une autre.

C'est pourquoi nous ne pouvons nous attendre à être pris pour ce que nous sommes ou ce que nous avons fait. Tout ce que nous pouvons espérer, c'est que les objectifs que nous nous sommes fixés dans notre vie soient réalisés grâce à la stratégie.

L'art de la stratégie consiste à comprendre l'objectif et à ne pas s'écarter du chemin qui nous mène à lui, grâce à des règles instaurées par nous-mêmes et par nos alliés. Il s'agit d'ignorer les règles et directives définies par les autres, en particulier nos ennemis.

Mon objectif concernant la campagne annuelle de Sea Shepherd dans l'océan Austral, qui vise à mettre fin à la chasse illégale de la baleine par les Japonais, est de faire couler l'économie de l'industrie baleinière japonaise et de lui faire quitter le Sanctuaire baleinier de l'océan Austral.

Je mesure ce succès en fonction de l'arrêt des bénéfices issus de la chasse à la baleine, du nombre de baleines sauvées des harpons et de l'augmentation de la prise de conscience du public et des médias. À ces fins, je ne m'intéresse pas à l'opinion des factions en faveur de la chasse à la baleine, ni à celle des personnes qui désapprouvent nos techniques. Nous devons tout simplement éviter de nous soucier de cela. Je m'inquiète davantage de suivre mes propres règles, qui consistent en l'occurrence à ne blesser personne et à ne commettre aucun crime. Tout le reste n'est que de la politique subjective, et la politique n'est rien de plus que l'opposition d'opinions différentes.

Divulguer de fausses informations sur les réseaux sociaux pour dire qu'on fait une chose alors qu'on en fait une autre est un cas concret de duperie. Il y a plusieurs façons de procéder. On peut aussi tromper en disant la vérité. Par exemple, après avoir dupé les baleiniers japonais à de nombreuses reprises à l'aide de fausses informations, j'ai intercepté leur flotte en proclamant que nous nous dirigions vers l'est. Pensant que nous mentions, les baleiniers en ont conclu que nous mettions le cap à l'ouest et ils ont donc fait route vers l'est. Ainsi, nous les avons dupés en leur disant la vérité.

La mise en œuvre de la stratégie doit être étudiée et ne doit pas être influencée par des éléments extérieurs, telle la peur des critiques, des insultes, des blessures et de la mort. Un bon stratège se caractérise par la passion, l'expérience, une discipline et un instinct forts, ainsi qu'une détermination inébranlable et une grande confiance.

Afin d'atteindre ses objectifs, il est nécessaire de se concentrer sur l'adversaire principal. Pour Sea Shepherd en Antarctique, cela signifie intervenir et stopper la flotte baleinière japonaise dans le Sanctuaire baleinier de l'océan Austral. À cette fin, nous avons établi trois règles principales : nos règles d'engagement. La première est de ne blesser personne dans le cadre de nos actions. La seconde est de respecter les lois et de ne commettre aucun crime. Nous tolérons en revanche les délits mineurs et les activités non passibles de poursuites. Sea Shepherd a déjà été condamné pour des actions non criminelles, comme le non-respect du Seal Protection Act canadien, qui interdit à quiconque d'assister au meurtre d'un phoque. Le non-respect de lois mineures se justifie par deux points : il permet de défier une loi et ensuite de dénoncer son injustice. La justice doit toujours passer avant les lois qui concernent les délits mineurs.

La troisième règle est de ne pas faire de compromis, de ne pas battre en retraite et de ne pas se rendre.

Si les actions entrent dans le cadre des règles d'engagement, la stratégie sert l'intérêt de l'objectif et n'est pertinente pour aucun autre problème ou situation qui ne concerne pas cet objectif.

Bien que la stratégie soit basée sur la duperie, son but est d'atteindre un objectif. Cela implique une certaine concentration, supposant non seulement de la duperie, mais aussi de la discipline, des déploiements, de la distraction, des diversions, des divisions et de la documentation. Ce sont en quelque sorte les sept D d'une campagne réussie.

La stratégie est comme un arc dont les flèches sont les tactiques. La préparation et le maniement de l'arc déterminent la direction des flèches qu'il tire et sa cible est l'objectif à atteindre.

Comme je l'ai déjà dit, la Sea Shepherd Conservation Society a entrepris huit campagnes dans l'océan Austral contre les activités illégales de la flotte baleinière japonaise. À chaque campagne, nous avions de plus en plus de fonds et d'expérience. Chacune d'entre elles nous a permis d'aller un peu plus loin avec un peu plus d'agressivité, tout en respectant nos règles d'engagement.

Pour déployer nos navires et notre équipage, nous nous consacrons d'abord aux préparatifs et aux chaînes de ravitaillement. Ensuite, nous cherchons la flotte de nos ennemis dans le but de l'intercepter, bloquer leurs opérations et empêcher ainsi le massacre des baleines. Enfin, nous documentons les interventions réalisées afin de faire passer un message au monde entier. Ainsi, nous combattons les baleiniers à la fois sur le champ de bataille et dans l'opinion publique. Parfois, le combat peut même aller jusque devant les tribunaux.

Et parfois duper peut être drôle : en 2012, nous avons dû nous procurer un troisième gros navire pour l'opération *Tolérance zéro*, dans l'océan Austral. Nous avons décidé de l'acheter à l'un de nos ennemis. Le gouvernement japonais vendait un de ses navires océanographiques, rattachés à sa flotte de baleiniers. Nous avons monté une société dans l'État américain du Delaware afin de racheter une compagnie préalablement créée à Hong-Kong. L'un de mes officiers a effectué la transaction sous le nom de Mr Riceman. Nous avons envoyé un expert au Japon et Mr Riceman a conclu l'achat. Nous avons baptisé le navire *New Atlantis* et les baleiniers japonais l'ont acheminé à Cairns, en Australie, où ils l'ont livré à notre chef mécanicien, Steve O'Leary. Nous avions tous un tee-shirt blanc à l'effigie de New Atlantis et Steve en portait un lorsque les Japonais lui ont remis le navire et lui en ont fait faire le tour pour inspecter les machines. Les membres de l'équipage de Sea Shepherd se sont présentés, vêtus de blanc. Les baleiniers japonais ont même posé avec Steve et le reste de l'équipage avant de rentrer dans leur pays, où ils ont découvert qu'ils venaient de vendre un de leurs bateaux à leur principal ennemi.

Pour réussir dans notre combat, nous devons développer une stratégie solide et un commandement coordonné reposant sur une chaîne hiérarchique fiable. Toutefois, il convient parfois de faire en sorte que ce qui est fiable ne semble pas l'être et que ce qui fonctionne ait l'air de ne pas fonctionner. De la même manière, une victoire doit parfois être perçue comme une défaite et inversement.

Dans toute campagne, si la continuité des chaînes de ravitaillement est assurée, que le commandement est fort et que l'équipage reste passionné et déterminé, la victoire est une certitude, quelle que soit la durée du conflit. Un défaut dans la chaîne de ravitaillement peut entraîner la fatigue et le découragement du commandement et de son équipage. Un défaut de jugement et de force dans le commandement peut affaiblir la chaîne de ravitaillement et entraîner le découragement et la fatigue de l'équipage. Or, pour un équipage dont la passion et la détermination sont affaiblies, la défaite est presque certaine.

Ainsi, le commandement a trois responsabilités principales. Premièrement, il doit s'occuper des préparatifs et des chaînes de ravitaillement. Deuxièmement, il doit prendre des décisions cruciales concernant les préparatifs, les chaînes de ravitaillement, le recrutement, les formations et l'entretien de l'équipage. Troisièmement, il doit se débarrasser de toutes les faiblesses présentes au sein de l'équipage et du commandement lorsque cela s'avère nécessaire.

Pour gagner la guerre des baleines, nos bateaux doivent être préparés et la continuité de nos chaînes de ravitaillement assurée. Nous faisons cela de mieux en mieux à chaque campagne. Je pense que notre commandement est devenu chaque fois plus fort. J'ai vu nos équipages se renforcer à chaque saison, grâce à l'association des vétérans expérimentés et des nouvelles recrues déterminées. Les deux sont indispensables.

À ceux qui reprochent à notre équipage de ne pas être professionnel, je réponds que je ne souhaite pas avoir un équipage constitué à 100 % de professionnels, car ils ne sauraient mener nos missions avec le même enthousiasme et la même approche passionnée que nos volontaires. Nous avons besoin de professionnels uniquement pour faire fonctionner nos bateaux et faire en sorte que les volontaires, auxquels nous demandons l'impossible, puissent vivre.

Notre mission paraît impossible dans le sens où nous sommes une petite organisation non gouvernementale et que, dans l'océan Austral, nous confrontons nos bateaux de taille moyenne à des navires bien plus gros et bien plus rapides, manœuvrés par des baleiniers prêts à nous attaquer physiquement. Qui plus est, ces baleiniers et leurs bateaux sont financés et soutenus par l'une des nations les plus puissantes au monde : le Japon ! Nous devons localiser cette flotte dans l'un des environnements les plus hostiles et les plus isolés de la Terre : l'Antarctique ! Une fois que nous les avons trouvés, nous devons mettre fin à la chasse illégale à la baleine tout en faisant attention à ne blesser personne, pendant qu'eux cherchent à nous faire du mal.

C'est en restant concentrés, en préservant la force et le déploiement de nos ressources, en conservant un commandement fort et en alimentant la passion dans nos rangs que nous vaincrons les baleiniers, grâce à notre persévérance et à notre engagement.

Aucune campagne ne doit se terminer par une retraite ou par une capitulation, sauf si ces abandons sont purement stratégiques.

Notre objectif est de restaurer l'intégrité du Sanctuaire baleinier de l'océan Austral. Nous y parviendrons tout en respectant nos règles d'engagement, c'est-à-dire sans blesser qui que ce soit ni commettre de crimes.

C'est grâce à cette stratégie que nous gagnons et que nous gagnerons la guerre des baleines dans l'océan Austral.

Ce qui est ne doit pas être perçu en tant que tel

Jouez au Fou si vous êtes le Roi,
Jouez au Roi si vous êtes le Fou.

Le Fort est Faible et le Faible est Fort,
Le Bon est Mauvais et le Dur est Doux.
Ce qui est Bon peut être Mauvais.
Ce qui est Mauvais peut être Bon.
Notre stratégie est ce qui nous rend Forts,
La Duperie ultime est victorieuse
Pour qu'à la fin, Justice soit Reine,
Dans notre quête pour sauver les Baleines.

3. La confrontation

Vi et ar mis[1].

Plus la confrontation dure, plus elle est coûteuse et plus les risques de perdre des camarades de combat à cause de la fatigue et du découragement sont élevés.

Le conflit est comme un feu. Si vous ne l'éteignez pas, il se consumera tout seul, mais une fois seulement que tous ses acteurs auront été brûlés.

Une confrontation qui dure trop longtemps vous affaiblit et attise les désaccords au sein de votre camp. Ces désaccords peuvent engendrer des rébellions de vos propres forces contre vous.

Il n'est pas stratégique de faire durer une confrontation. En revanche, il est préférable de faire en sorte que vos ennemis doivent mener une campagne prolongée.

1. En latin : "Par la force et par les armes." *(N.d.T.)*

Si besoin, faites preuve d'une résistance symbolique continuelle. Dépensez votre énergie et vos ressources uniquement par petites doses. Attaquez, puis battez en retraite autant de fois que nécessaire.

Fatiguez votre ennemi grâce à des raids éclair, si vous estimez que la victoire ne peut être obtenue rapidement et en une seule fois.

Le cloutage des arbres et le sabotage écologique sont d'excellentes tactiques de raids éclair. Frappez dans l'ombre, disparaissez dans l'ombre.

Les forces de l'écologie sont réduites. La seule stratégie valable contre le pouvoir des entreprises, la propagande des médias de masse et les attitudes anthropocentriques est celle de l'attaque et de la retraite.

Souvenez-vous, les écologistes ne doivent se faire aucune illusion sur la victoire décisive ou même sur la victoire de notre vivant. Nous gagnons seulement un peu de temps pour le futur.

Notre plus grande alliée est la Terre elle-même et les forces apocalyptiques qu'elle rassemblera contre l'oppression de l'arrogance humaine.

Ne vous hâtez pas dans la préparation de vos plans, mais ne vous attardez pas une fois que ceux-ci sont mis en œuvre.

Vous devez calculer au préalable l'heure de votre victoire et les moyens qui vous permettront de gagner.

Être en avance sur votre programme est le seul et unique facteur qui importe vraiment pour remporter la victoire.

Le mouvement écologiste est, dans son ensemble, un mouvement réactif. Notre campagne est l'une des seules qui aient anticipé et calculé l'avancée de notre ennemi contre l'écosystème avant même qu'il n'ait commencé à bouger.

N'attendez pas qu'une zone de forêt soit prise pour cible et déboisée. Cloutez plutôt ses arbres longtemps à l'avance. Cela bloquera l'industrie forestière et les mesures de sécurité du gouvernement, et dissimulera plus efficacement la mise en œuvre de cette technique. De plus, vous pourrez alors riposter à une annonce d'abattage en publiant un communiqué de presse précisant que des mesures de protection des arbres ont déjà été prises.

La lutte pour la défense de l'environnement est un mouvement de guérilla nécessaire.

Les activités des écologistes sont pour la plupart de petites actions peu coûteuses menées contre une opposition puissante et mieux équipée. Un face-à-face direct se terminera presque toujours par une défaite en raison de la supériorité financière de l'opposition. Un face-à-face prolongé en terrain découvert se soldera probablement par un échec. L'éco-guerrier doit avant tout compter sur les attaques secrètes, les attaques surprises et une sécurité défensive planifiée.

Après la capacité d'anticipation, le deuxième facteur le plus important est la débrouillardise. Vous devez être préparé à survivre sur le champ de bataille. Recrutez des membres qui aient de bonnes capacités de recherche et de "glanage".

Mes bateaux se composent de matériaux récupérés partout dans le monde, obtenus gratuitement ou à un prix dérisoire dans les ports d'escale, dénichés dans les poubelles, les bâtiments abandonnés, les épaves de bateaux, les chantiers navals ou encore chez nos partisans. Mon équipage de glaneurs, de chasseurs et d'opportunistes nous a permis d'économiser des centaines de milliers de dollars en pièces détachées, en fournitures et autres équipements nécessaires.

N'hésitez pas également, lorsque cela s'avère nécessaire, à saisir, utiliser et exploiter le matériel, les outils, les connaissances et les armes de vos adversaires.

Vos soutiens financiers attendent des résultats, pas des excuses. Ils ne vous soutiendront plus si vous échouez et continuez à employer les mêmes stratégies et techniques. Ils ne vous soutiendront pas non plus pendant une longue période si aucun progrès ne se fait sentir. Les victoires doivent être assurées. Vos partisans les applaudiront. En revanche, ils critiqueront vos défaites. Les pertes entraînent l'abandon de vos alliés, c'est pourquoi, lors d'un conflit, il est nécessaire de gagner, et de gagner vite.

Il est **préférable** de gagner plusieurs petites batailles plutôt que de subir un conflit prolongé. L'espoir repose sur la décision, le courage et l'action.

Il est **important** de récompenser vos partisans pour leur opposition à l'ennemi, que les récompenses soient matérielles ou spirituelles. Dans le cas où elles sont matérielles, elles doivent être distribuées équitablement.

Ne vous exposez jamais à une interception directe sans avoir préparé au préalable une stratégie pour vous échapper.

Plus important encore, rappelez-vous que si vous restez visible et sans défense, ouvert à l'attaque, l'opposition vous prendra pour cible sans se poser de questions.

Ainsi, plus vous devenez efficace lors de vos attaques, moins vous devez rester exposé au public. La seule autre défense possible consiste à vous faire plus connaître du public pour devenir une célébrité. Votre adversaire devra alors peser les avantages et les inconvénients des réactions du public si vous veniez à disparaître. Si une organisation environnementale majeure est plus puissante que l'opposition ciblée en termes de moyens financiers, d'effectifs et d'influence politique, il est important que le groupe déploie une stratégie basée sur le tact et la diplomatie. Une victoire écrasante peut être mal reçue moralement si un David environnemental est perçu comme un Goliath.

Soyez subtil et n'ayez jamais la main lourde lorsque vous agissez. Faites preuve de compassion, de sympathie et de compréhension. Ne paraissez jamais insensible ou trop bureaucratique. La bureaucratie en soi est un ennemi, ne la laissez jamais entrer dans vos rangs.

Les confrontations doivent rester sous le contrôle d'un commandement défini. Lorsque celles-ci commencent, les discussions démocratiques sur la stratégie et la tactique doivent être terminées. Toutes les décisions doivent être alors confiées à des commandants reconnus.

Je garderai ça à l'esprit, monsieur Bailey,
quand ça deviendra une démocratie.

CAPITAINE JAMES T. KIRK[1]

Bon nombre de groupes ont utilisé la méthode du consensus démocratique pour prendre des décisions. Ce choix n'est pas forcément judicieux mais, si c'est celui qui est accepté par le groupe, une méthode de "consensus-moins-un" doit être appliquée. Certaines personnes auront tendance à bloquer une décision uniquement pour le sentiment de pouvoir que cela peut leur apporter psychologiquement. En fait, certains de ces individus cherchent bien souvent à rejoindre des groupes uniquement pour cette raison. Leur priorité est de s'occuper de leurs propres problèmes psychologiques et non pas des véritables problèmes.

Le consensus arrive toujours à une décision compatible avec le plus faible des individus qui y participent.

Le commandement doit être organique et jaillir du sol avec passion, courage, des idées, de l'imagination et certaines compétences. Il doit donner naissance à des tactiques et des stratégies.

Celles-ci, si elles sont contrôlées par le groupe entier, seront toujours dénuées de la passion que peut apporter le commandement et elles resteront mitigées, s'avérant parfois totalement inefficaces.

1. Capitaine James T. Kirk, à l'un des membres de l'équipage du *Starship Enterprise*, "Fausses manœuvres", *Star Trek*, saison I, 1966. Titre original : "The Corbomite Maneuver", diffusé pour la première fois en France sur TF1 en 1982.

Vous devez avoir des connaissances en stratégie, en tactique et en logistique, mais également en économie, en politique, en diplomatie et en histoire. Vous devez savoir tout ce qu'il y a à savoir sur la puissance militaire et vous devez également en connaître les limites.

JOHN F. KENNEDY[1]

Lors d'une confrontation directe, ne faites jamais de compromis. Lors d'une confrontation indirecte, faites-en uniquement pour tromper vos adversaires.

Un éco-guerrier ne doit jamais faire de compromis lorsqu'il s'agit de défendre la Terre.

Ne croyez pas démesurément à une victoire définitive. Notre combat consiste à remporter quelques victoires temporaires. Seules nos défaites peuvent être permanentes.

En février 2012, le juge Richard Jones, du tribunal de Seattle, a rejeté une demande d'injonction faite par le Japon[2], invoquant le fait que ce dernier enfreignait une décision de la Cour fédérale australienne. Cette victoire a été renversée par le juge de la Cour d'appel des États-Unis pour le neuvième circuit, Alex Kozinski, qui a accordé l'injonction après le départ des bateaux de Sea Shepherd, puis a procédé à notre inculpation pour non-respect de l'injonction. Revers de fortune. En novembre 2013, le commissionnaire Peter Shaw, après avoir tenu une audience et écouté les témoignages, nous a déclarés non coupables de violation. Revirement de fortune en notre faveur. En décembre 2014, le juge Kozinski a annulé la sentence de son propre commissionnaire. Nouveau revers de fortune. À présent, il est de notre devoir de

1. John F. Kennedy, 7 juin 1961 (discours à l'Académie navale d'Annapolis).
2. L'injonction visait à interdire à Sea Shepherd USA de s'approcher à moins de cinq cents mètres de tout navire baleinier dans l'océan Austral.

faire à nouveau appel afin de renverser les événements en notre faveur. Obtiendrons-nous gain de cause ? Peut-être bien que oui, peut-être bien que non. Une chose est sûre, notre victoire aura été de sauver, grâce à nos efforts, la vie de 5367 baleines dans le sanctuaire de l'océan Austral.

Évitez la dépression et les prévisions pessimistes en concentrant vos efforts sur le présent. Un guerrier est meilleur lorsqu'il agit au présent et ce sont ces actions qui définissent le futur. Le passé apporte des leçons, le futur offre des objectifs, mais c'est sur le présent que le guerrier doit se concentrer pour gagner.

Nous devons nous battre sans penser à la victoire ou à la défaite, nous devons lutter sans réfléchir ni avoir peur des conséquences. Nous devons nous battre car notre cause est juste et bonne. En réalité, nous battre est la seule chose que nous puissions faire. Si nous avons de bonnes stratégies, des tactiques réfléchies, et que nous laissons la passion, le courage et la détermination nous guider, le futur pourra ressembler à celui que nous espérons. Toutefois, l'espoir, la peur ou encore la gloire ne doivent pas nous hanter au cours de la bataille. L'engagement pour le présent doit être total et les conséquences, qu'elles soient positives ou négatives, doivent être le fruit de la confrontation, selon l'efficacité des stratégies mises en œuvre.

En 1973, alors que je travaillais avec le mouvement des Indiens d'Amérique pendant le siège de Wounded Knee, j'ai demandé à Russell Means comment ils pouvaient entretenir le moindre espoir de victoire contre une opposition armée aussi puissante. Il ne fallait pas réfléchir ainsi, m'a-t-il répondu : "Nous faisons cela parce que c'est la bonne et donc la seule chose à faire. Nous n'allons pas nous laisser intimider par un effectif supérieur. La stratégie en place, c'est la mobilisation, le maintien, la défense de causes morales fortes."

C'est toujours la stratégie qui définit l'issue d'une bataille, et c'est pourquoi notre engagement doit consister à formuler les stratégies les plus efficaces et les plus fortes, et à agir en conséquence.

Rien d'autre ne doit importer. Nous ne devons jamais nous laisser décourager ou distraire par les émotions comme la peur, le doute, la fierté, la jalousie, la haine, l'amour, la colère ou le défaitisme.

Un guerrier ne doit jamais être en colère. Il ne doit pas haïr son adversaire. Il ne doit jamais avoir peur. Il doit au contraire avoir confiance en sa stratégie et ne jamais douter. Un guerrier doit être ferme et imperturbable en tant que chef, et loyal en tant qu'affilié. Il doit s'engager pleinement, être insensible aux critiques et accepter toutes les conséquences susceptibles d'arriver sans en avoir peur ni s'en inquiéter.

L'objectif de la stratégie est de gagner. La victoire est la conséquence d'une stratégie efficace, alors que la défaite est celle d'une stratégie défectueuse. Ne pensez pas aux deux issues possibles, mais concentrez-vous uniquement sur la stratégie en elle-même et rien d'autre.

Le résultat dépendra de la stratégie que vous mettrez en œuvre et que vous appliquerez avec une totale détermination.

4. L'art de se battre sans se battre

Vis consili expers mole ruit sua[1].

La véritable excellence ne consiste pas à se battre et à remporter toutes les batailles. Au contraire, elle consiste à casser la résistance ennemie sans se battre. Dans l'art pratique de la guerre, l'idéal est de conquérir le pays ennemi en entier et intact, alors que le démolir est contre-productif. De la même manière, il est préférable de

1. En latin : "La force sans l'intelligence s'effondre sous sa propre masse." (Horace, *Odes*, livre III, IV.) Une version plus actuelle de cette citation pourrait être : "La bravoure se mesure à la sagesse." *(N.d.T.)*

capturer une compagnie, un détachement, un régiment, voire une armée entière, plutôt que de les détruire. Au sein du mouvement écologiste, il est impératif de faire en sorte que les victoires soient obtenues sans causer ni subir de blessures, que celles-ci soient mortelles ou non.

Ainsi, la forme de commandement la plus efficace est celle qui consiste à déjouer les plans ennemis. Il convient ensuite d'empêcher l'unification des forces ennemies, en interférant avec elles, en les divisant et en conquérant leurs alliés. Enfin, vous devrez saboter les stratégies de l'ennemi, puis entrer ouvertement en conflit avec lui.

La pire des politiques est celle du siège. Assiéger son ennemi revient à prolonger la durée du conflit et donc les dépenses qu'il engendre. Cela doit être évité à tout prix.

Les chefs habiles maîtrisent les forces de leurs ennemis sans se battre : ils capturent sans assiéger et renversent sans mener de longues opérations sur le terrain. Ils s'opposent à leurs adversaires en gardant leurs forces intactes, s'assurant ainsi une victoire totale.

À la fin des années 1980, le gouvernement canadien envisageait d'anéantir les troupeaux de buffles du parc national de Wood Buffalo, au centre du pays, afin d'empêcher la transmission de la brucellose des bisons vers ces buffles, et ce alors qu'initialement les bisons avaient été infectés par les buffles. J'ai réussi à empêcher ce massacre en organisant une conférence de presse à l'université Ryerson de Toronto, lors de laquelle j'ai annoncé qu'un groupe du nom d'Eco-Hawks m'avait contacté pour m'informer qu'en cas d'abattage des buffles, ils inoculeraient délibérément au bétail, dans l'Ouest du Canada, des bactéries de brucellose récupérées et cultivées dans des points d'eau du parc national de Yellowstone. La ruse a marché et le projet du gouvernement a été abandonné car, même si elle était le fruit de mon imagination, l'idée était réalisable, et les éleveurs le savaient.

Il s'agit de la méthode de l'attaque par la stratégie, avec l'épée rengainée.

Si vos forces sont dix fois supérieures à celles de votre ennemi, la règle de base dans un conflit est d'encercler ce dernier. Si elles sont deux fois supérieures, séparez-les en deux groupes : l'un pour attaquer de face, l'autre pour surprendre par-derrière.

Si l'ennemi répond à l'attaque frontale, les forces arrière permettront de le vaincre. Si l'attaque commence par-derrière, la victoire viendra de l'avant.

Si vos forces sont égales à celles de votre ennemi, livrez bataille. Si vous êtes en légère infériorité numérique, évitez l'ennemi. Et si votre nombre est nettement inférieur à celui de votre ennemi, optez pour la retraite.

Grâce à des tactiques de guérilla, l'infériorité numérique peut être compensée par la discrétion, la manœuvrabilité et certaines techniques d'attaques éclair qui peuvent rétablir l'équilibre, voire faire pencher la balance en votre faveur.

Le chef est le rempart d'une campagne : si le rempart est solide en tous points, la campagne sera forte ; s'il présente des défauts, la campagne en sera affaiblie.

Un chef peut causer la défaite d'une campagne de trois manières différentes :

1. En commandant à ses forces d'attaquer ou de battre en retraite alors que des barrières économiques ou physiques empêchent les ordres d'être exécutés. Les militants appellent ces barrières des "entraves".
2. Le chef d'une campagne militaire, politique ou écologiste ne peut pas gouverner ses forces de la même manière qu'un État bienveillant gouverne ses citoyens. L'humanité et la justice sont les principes de base de gouvernance d'un État bienveillant, mais pas d'une armée. L'opportunisme et la souplesse sont des vertus plus civiques que militaires. Diriger vos forces d'une manière autre que militaire causera l'agitation et la division dans vos rangs.
3. Un chef ne doit pas diriger ses officiers ou déléguer son autorité sans discrimination ou sans tenir compte du principe militaire

d'adaptation aux circonstances. Cela perturbe la confiance qu'ont vos militants.

Si un leader ne connaît pas ce principe d'adaptation, il ne doit pas se trouver dans une position d'autorité. Un employeur compétent embauchera un sage, un brave, un avide et un idiot. Le sage prend plaisir à la réussite, le brave aime montrer qu'il est courageux, la personne avide sait rapidement tirer avantage des situations et l'idiot n'a pas peur de la mort ou de l'échec.

Vous ne devez pas laisser vos militants devenir inquiets ou méfiants. Ne laissez pas l'anarchie s'installer au sein de vos troupes.

Vous n'êtes pas responsable des personnes que vous employez, mais vous êtes responsable de celles que vous ne virez pas.

JOHN PAUL DEJORIA[1]

Un bon chef doit se tenir prêt et accepter d'abattre de façon impartiale tous les obstacles qui se dressent au sein de son organisation.

Cinq règles mènent à la victoire :

1. Vous serez victorieux si vous savez discerner quand vous battre et quand ne pas vous battre.
2. Vous serez victorieux si vous savez manier aussi bien les forces supérieures que les forces inférieures.
3. Vous serez victorieux si vous savez animer vos militants de la même volonté que la vôtre.
4. Vous serez victorieux si vous êtes préparé et que votre ennemi ne l'est pas.

1. John Paul DeJoria, PDG de Paul Mitchell Inc. Mots confiés par John Paul DeJoria à Paul Watson lors d'une conversation privée.

5. Vous serez victorieux si vous mettez en place les stratégies adéquates pour ne pas être gêné sur le terrain par les organes souverains que sont les gouvernements ou les grandes entreprises.

Si vous connaissez l'ennemi autant que vous-même, vous remporterez la victoire.

Si vous ne connaissez pas votre adversaire, vous subirez une défaite pour chaque bataille remportée. Si vous ne connaissez ni votre ennemi ni vous-même, attendez-vous à perdre chaque combat.

Il est parfois préférable de quitter le terrain lorsque votre ennemi se retire également. Accordez-lui la défaite sans lui donner l'envie de reprendre les hostilités. Ne mettez jamais un ennemi au pied du mur, ne frappez jamais quand il est meurtri.

En voici un exemple : après plusieurs années de lutte pour tenter de mettre un terme au massacre des phoques au Canada, nous avons atteint notre objectif économique, qui était de bannir les produits dérivés du phoque au sein de l'Union européenne. Cela a mis fin à la chasse aux phoques à des fins commerciales au Canada. Bien que ce massacre existe toujours, le nombre de phoques tués a considérablement diminué, malgré l'augmentation des quotas autorisés par le gouvernement.

Le gouvernement canadien augmentait ces quotas pour nous appâter. Sa stratégie était de nous faire revenir en première ligne afin de donner un adversaire aux chasseurs de phoques. Il avait besoin que les chasseurs de phoques haïssent Sea Shepherd et se soudent contre nous. Nous avons renversé sa stratégie en dissimulant notre opposition, de manière à permettre à la réalité économique que nous avions amorcée de se mettre en place. Les chasseurs de phoques n'ont peut-être pas encore pris conscience de leur défaite ; mais, quels que soient ses motifs, le massacre barbare des phoques sur la côte est du Canada par intérêt lucratif est voué à diminuer chaque année. Nous n'avons plus qu'à attendre, observer et ramasser les fruits de cette longue campagne. S'acharner sur un cadavre n'apporte rien.

Combattre vos alliés

Le mouvement de protection de l'environnement se compose de nombreux individus, de groupes d'action, d'organisations et de coalitions. Ces factions soutiennent différents programmes et diverses stratégies dans le but de réaliser leurs objectifs.

Il est important pour n'importe quel mouvement de promouvoir l'harmonie afin de rassembler toutes les forces contre le principal opposant.

Si les factions ont des stratégies différentes, elles devraient chercher à accepter leur désaccord relatif aux tactiques et aux objectifs. Si cela échoue, utilisez la diplomatie pour mettre sur pied une politique de non-agression mutuelle. Si cela échoue également, utilisez des agents afin d'infiltrer, de compromettre et, si le cas l'exige, de détruire en toute discrétion vos “alliés” opposants.

N'affrontez pas publiquement un allié si la situation ne l'exige pas. Cela ne serait utile qu'à votre principal adversaire.

Si votre organisation ou votre groupe d'action est infiltré par des personnes qui soutiennent un programme différent, isolez-les en les ridiculisant et en les empêchant d'agir. Traitez-les comme vos ennemis. Si l'infiltration s'amplifie, votre commandement a échoué. La seule solution est de quitter l'organisation pour se regrouper ailleurs.

Prenons l'exemple d'Earth First! qui, en 1990, se retrouva fortement divisé entre la faction originelle de l'écologie profonde et les partisans plus récents, motivés par un programme social de gauche, féministe et libéral. Les agents infiltrés allèrent jusqu'à dénoncer l'un des principes essentiels d'Earth First!, qui prône le sabotage écologique.

Dave Foreman, le cofondateur d'Earth First!, renversa la situation au détriment des agents infiltrés en démissionnant de l'organisation et en fondant un nouveau groupe qu'il nomma Wild Earth. Ainsi qu'il le disait lui-même : "Si vous vivez dans un château, vous vous battrez pour le garder. Mais, si vous vivez dans un tipi et que la vermine commence à s'installer, vous n'avez qu'à déménager."

La stratégie de Foreman entama la crédibilité de tous ceux qui avaient piraté Earth First! Les usurpateurs furent démasqués, et le mouvement Earth First! complètement démantelé. Il fut remplacé par une autre organisation compromise par une ligne anthropocentrique, qui se révéla d'ailleurs totalement inefficace. Foreman ne pouvait pas permettre que l'on porte atteinte aux objectifs d'Earth First! Il choisit tout bonnement de couler le navire afin qu'il ne soit pas pris d'assaut.

En d'autres termes, il faut procéder au sabordage si c'est le seul moyen d'éviter la capture.

Transformez toutes les attaques dirigées contre vous en stratégies de représailles. Utilisez la force d'attaque de votre ennemi et retournez-la contre lui. Employez les arguments et les tactiques de votre ennemi pour les inclure dans votre stratégie. Si vous le comprenez, votre ennemi vous mène à la victoire.

5. Les tactiques

Vincam aut moriar[1].

Écartez toujours le moindre risque de défaite. Attendez une opportunité pour vaincre l'ennemi.

1. En latin : "Je vaincrai ou je mourrai." *(N.d.T.)*

Donnez-moi un bon bateau pour que je puisse braver le danger.

JOHN F. KENNEDY[1]

Il revient à vous seul de vous protéger de la défaite, mais l'opportunité de vaincre l'ennemi, c'est lui-même qui vous la procure. D'où l'adage : "Être instruit des moyens qui assurent la victoire n'est pas encore la remporter."

Se protéger de la défaite implique des tactiques défensives. Être capable de vaincre l'ennemi signifie reprendre l'offensive. Rester sur la défensive révèle une force insuffisante ; attaquer est le signe d'une force abondante.

Le chef doué pour la défense se cache dans l'obscurité ; le chef doué pour l'attaque charge à découvert. Il existe donc d'un côté la capacité de se protéger et, de l'autre, celle de remporter une victoire totale.

N'appréhender la victoire que lorsque c'est à la portée de M. Tout-le-Monde ne relève pas de l'excellence. Se battre, gagner et être récompensé ne relève pas non plus de l'excellence. La véritable excellence est de planifier en secret, de se déplacer furtivement, de contrecarrer les intentions de l'ennemi et de déjouer ses plans. Il est possible de vaincre sans verser une seule goutte de sang.

Le tacticien intelligent est celui qui non seulement gagne, mais également excelle dans l'art de gagner avec une grande facilité. Il comprend que les victoires n'apportent ni la réputation de sagesse ni le mérite du courage. Les victoires remportées dans des circonstances qui demeureront inconnues impliquent que le monde entier n'en saura jamais rien.

La fierté ne doit pas être votre motivation. La victoire doit être votre seule préoccupation. Elle doit être l'unique objectif sans qu'aucune

1. John F. Kennedy, 7 juin 1961 (discours à l'Académie navale d'Annapolis). Il s'agit d'une reprise des mots du capitaine John Paul Jones : "Je ne veux pas entendre parler d'un bateau qui n'irait pas vite car j'ai l'intention de braver le danger."

distraction, aucune peur, aucun espoir ou désir de récompense ou de reconnaissance vienne se mettre en travers.

Un maître des tactiques se satisfait de l'accomplissement des plans et ne cherche pas la reconnaissance publique. Ce même tacticien gagne en ne commettant aucune erreur. L'absence d'erreurs rend la victoire certaine, car il s'agit alors de conquérir un ennemi déjà vaincu.

Le bon tacticien se place ainsi dans une position qui lui assure la victoire et lui permet de trouver le bon moment pour vaincre l'ennemi.

Le stratège victorieux cherche alors la bataille uniquement après la victoire. Le stratège qui combat d'abord et cherche ensuite la victoire se destine à la défaite.

Un chef accompli cultive la loi morale et se conforme rigoureusement aux méthodes et à la discipline. Ainsi, il est capable de contrôler le succès.

L'application des tactiques

Les approches tactiques de l'éco-guerrier sont les suivantes :

1. Tactiques de terrain.
2. Tactiques médiatiques.
3. Tactiques psychologiques.
4. Tactiques éducatives.
5. Tactiques intuitives.

1. Tactiques de terrain : pour les militants écologistes, ces tactiques sont connues sous le nom de "sabotage écologique". Ce sont des tactiques de sabotage, d'activités secrètes et d'actions directes. Le manuel de référence pour étudier les tactiques de terrain du mouvement écologiste est *Ecodefense: The Field Guide*

to Monkeywrenching, de Dave Foreman. Les tactiques qui y sont décrites peuvent être utilisées par l'instigateur ou par l'agent infiltré. Elles requièrent du courage, de la discrétion, des capacités de mise en œuvre pratique et la connaissance des lois et des tactiques d'évasion.

2. Tactiques médiatiques : dans le domaine de la guerre écologique, l'image est bien plus puissante que l'épée. La documentation et l'investigation sont des approches tactiques redoutables. Étudier la philosophie de Marshall McLuhan peut s'avérer très utile. Tous les éco-guerriers devraient savoir bien utiliser les appareils photo et surtout les caméras. La lecture du livre de Robert Hunter *Les Combattants de l'arc-en-ciel*[1] illustre bien l'avantage, pour un groupe écologiste, de se servir des médias avec adresse. Ces tactiques peuvent être employées par le communicateur, l'instigateur et le chaman. Elles requièrent des compétences de communication orale, d'écriture, de photographie, de contrôle et d'utilisation des médias.

3. Tactiques psychologiques : des connaissances de base de la psychologie et des institutions humaines sont précieuses pour manipuler et tromper des organisations et des individus. Ces connaissances sont également nécessaires pour mettre en place des tactiques de division et de conquête. Ces tactiques peuvent être utilisées par l'agent infiltré, le communicateur, le chaman, l'artiste et l'instigateur.

4. Tactiques éducatives : servez-vous des médias et impliquez-vous directement afin de mieux toucher et influencer les gens, et ainsi promouvoir votre opinion. Ces tactiques sont à utiliser sur le long terme, mais elles sont d'une manière générale les plus efficaces pour changer les attitudes de façon permanente. Elles sont utilisées par le communicateur, l'artiste, le guérisseur, le chaman

1. Trad. D. Fauquemberg, Gallmeister, 2007.

et l'instigateur. Elles requièrent des compétences médiatiques et pédagogiques, ainsi que de la patience.
5. Tactiques intuitives : on trouve ces tactiques chez l'éco-guerrier qui, dès qu'il pose le pied sur la Terre, les reçoit comme un don. Elles doivent être employées lors de l'application de la stratégie "sans réflexion, sans pensée" de Miyamoto Musashi.

Vous ne disposerez de ces tactiques qu'en étant spirituellement connecté à la Terre.

Quand vous réalisez la valeur de toute vie,
vous demeurez moins sur ce qui s'est passé
et vous vous concentrez sur la préservation
de l'avenir.

DIAN FOSSEY[1]

L'intuition est une faculté difficile à décrire : elle doit être vécue. Le guerrier intuitif est le plus privilégié de tous. Il prend des décisions plus facilement, il est plus réactif, il ne connaît pas le stress, la peur ou le doute.

Le guerrier intuitif est celui qui a acquis la capacité d'avancer indépendamment de son ego. Il fonctionne de manière naturelle et organique, avec la fluidité de l'eau. L'eau emprunte toujours le chemin le plus simple. L'intuition emprunte toujours le chemin le plus simple, celui de la moindre résistance.

1. Dian Fossey, dernière note dans son journal, la nuit même de son meurtre le 26 décembre 1985.

6. La lutte pour la planète

Contrôler un grand nombre de personnes revient au même, en principe, qu'en contrôler un petit nombre : il suffit simplement de les répartir en différents groupes. Tout est question de préparation et d'organisation. Organisez une chaîne de commandement : une seule personne peut en diriger beaucoup. Diriger quelques personnes, c'est en diriger des millions. Partagez vos militants entre les ordinaires et les extraordinaires. Servez-vous des militants ordinaires pour vous engager dans la bataille. Utilisez les militants extraordinaires pour remporter la victoire.

Le mouvement écologiste est composé de factions modérées et de factions extrémistes. Sachez vous servir des deux. Employez les factions modérées pour les attaques directes et les factions extrémistes pour les attaques indirectes ; les modérées pour les activités publiques, les extrémistes pour les activités secrètes.

Tout comme une nation maintient un contrôle visible et un contrôle secret, tout mouvement efficace doit opérer en se servant d'unités visibles et d'unités secrètes.

Afin de vous assurer que votre force reste inébranlable et résiste aux assauts de l'ennemi, utilisez des manœuvres directes et des manœuvres indirectes. Employez les méthodes directes au cœur du combat, gardez les méthodes indirectes afin d'assurer une victoire.

Les écologistes, qu'ils travaillent seuls, en groupes d'action ou en organisation, peuvent être attaqués directement et indirectement par le gouvernement. La police attaque de manière directe, réagissant soit à un crime réel, soit à un crime monté de toutes pièces, ou de manière indirecte par le biais d'une opération d'infiltration. Le gouvernement peut également frapper de manière indirecte en utilisant le fisc. Les organisations et les individus peuvent faire l'objet d'une enquête et être victimes de harcèlement de la part de l'administration fiscale.

Si vous choisissez de vous défendre à découvert, tenez vos comptes à jour. Si votre défense est secrète, ne laissez derrière vous aucune trace écrite. La nature de l'attaque du gouvernement est déterminée par votre propre stratégie.

Si vous choisissez des tactiques secrètes ou illégales, vous pouvez vous attendre à des stratégies directes ou indirectes de la part du gouvernement, y compris votre propre assassinat. Votre seule défense réside dans la confidentialité, la vigilance et l'organisation rigoureuse.

Si vous choisissez la désobéissance civile, vous serez attaqué directement et peut-être même arrêté. Vous devez être prêt à assurer votre défense par les voies légales.

Si vous opérez de manière découverte, vous devez être préparé à la possibilité d'être démasqué. Tenez un registre de toutes vos activités et faites vos comptes le plus régulièrement et le plus précisément possible. En somme, vous devez être irréprochable. Soyez prêt à vous défendre en justice et devant la presse. Les tribunaux et les médias constituent les premiers champs de bataille.

Si vous opérez en secret, ne gardez aucun indice de vos vraies activités. Ne laissez aucune trace écrite quelle qu'elle soit. Le guerrier clandestin s'efforce de rester en dehors des champs de bataille judiciaires. D'un point de vue tactique, vous pouvez utiliser les médias, mais opérer en secret requiert des tactiques indirectes et difficiles à défendre lors d'attaques directes.

Les actions directes sont plus fortes que de simples paroles.

Les tactiques indirectes sont inépuisables lorsqu'elles sont appliquées efficacement. Leur seule limite est l'imagination du tacticien.

Deux méthodes d'attaque sont possibles en situation de conflit : la méthode directe et la méthode indirecte. Pourtant, l'association des deux méthodes donne lieu à une liste inépuisable de manœuvres tactiques. La méthode directe entraîne la méthode indirecte et vice versa. C'est comme former une boucle, il n'y a pas de fin. Les possibilités de combinaisons ne connaissent aucune limite.

La force de combat adéquate doit être terrifiante et les décisions doivent être prises rapidement. Elle doit pénétrer au cœur des conflits et en ressortir intacte.

Un groupe d'action écologiste performant doit être impitoyable dans sa quête et doit prendre des décisions rapidement.

On peut comparer la direction que l'on choisit de suivre avec l'arc que l'on tend, et la prise de décision au moment où on lâche la flèche.

Le désordre peut sembler régner au cœur de la turbulence et de la tragédie du conflit, sans qu'il existe pour autant aucun désordre réel. Dans la confusion et le chaos, votre force peut n'avoir aucun sens, mais elle sera toujours le bouclier contre la défaite. Simuler le désordre exige une discipline parfaite ; simuler la peur exige du courage, et simuler la faiblesse exige de la force. Cacher l'ordre derrière la cape du désordre n'est qu'une affaire de dissociation. Dissimuler le courage derrière un masque de peur ou de timidité présuppose un stock d'énergie en attente. Camoufler la force sous la faiblesse s'effectue grâce aux dispositions tactiques.

Plus simplement, si vous souhaitez feindre la lâcheté, vous devez être doté d'un courage conséquent. Si vous voulez simuler la faiblesse, vous devez avoir une grande force. Si vous souhaitez simuler le désordre, vous devez posséder un important sens de l'ordre.

Si vous voulez que l'ennemi reste en mouvement, vous devez conserver une apparence trompeuse, et l'ennemi agira en conséquence. Il vous faudra parfois consentir à un sacrifice sur lequel l'ennemi se focalisera. Vous devez l'appâter, le garder en mouvement et, enfin, grâce à une action bien organisée, attendre qu'il fasse une erreur.

Au cours du mois de mars 1983, je me suis servi de mon bateau pour bloquer l'entrée du port de Saint-Jean sur l'île de Terre-Neuve, au Canada. Le but était d'empêcher les phoquiers canadiens de quitter le port. Bien que je n'aie eu aucune intention d'attaquer les bateaux, j'ai annoncé haut et fort que je rentrerais dans le premier bateau de chasseurs qui tenterait de lever l'ancre.

C'était un bluff agressif, fondé sur la solide réputation que je m'étais bâtie en attaquant des bateaux par le passé. Je n'avais aucune intention de passer à l'acte, mais je m'appuyais sur la crédibilité de ce que j'avais déjà réalisé afin de rendre ce coup de bluff plus convaincant.

Le bluff fonctionna et les phoquiers ne quittèrent pas le port, ce qui sauva 76 000 phoques cette année-là.

Afin d'empêcher le gouvernement d'attaquer, j'ai bluffé, trompé et donné l'impression d'être dangereusement imprévisible.

Une autre fois, en feignant un mouvement vers le nord, j'ai bougé vers le sud, puis vers l'ouest, frappant à un endroit inattendu où j'ai pu mettre en déroute trois bateaux de chasse et les éloigner des bébés phoques.

Pour pouvoir réaliser ceci, je me suis caché derrière le mauvais temps.

Il fallut près d'une semaine pour que les autorités canadiennes soient capables d'appréhender mon bateau et mon équipage. J'avais en revanche anticipé cette arrestation et une partie de ma stratégie avait consisté à défier les lois avec lesquelles nous n'étions pas d'accord, ce qui fut un succès.

Le stratège ingénieux observe les effets de l'énergie combinée et n'exige pas trop d'efforts de la part d'un seul individu. Le chef doit en revanche prendre en compte chaque talent individuel et employer chaque personne en fonction de ses capacités. Utilisez les plus vaillants pour soutenir une attaque. Servez-vous des plus prudents pour défendre votre position. Utilisez les plus malins pour donner des conseils. Ne gâchez aucun talent.

Un chef ne doit pas exiger la perfection de la part de ceux qui n'ont aucune compétence et aucun entraînement. Il doit attendre la perfection de la part de ceux qui ont été formés à être des maîtres dans leur art.

Si un volontaire sans talent commet une erreur, la responsabilité en revient au chef. Celui-ci doit soit superviser, soit nommer un superviseur responsable pour gérer les débutants, afin qu'aucune erreur ne soit commise.

Le chef est responsable de la moindre erreur.

Il ne peut pas exiger la victoire de ses affiliés. Un bon stratège se prépare minutieusement afin d'utiliser la situation qui se présente. C'est elle qu'il faut contrôler et exploiter au mieux.

Un bon chef sélectionne les militants qui sauront exploiter au mieux la situation. Il utilise l'élan pour les faire avancer. Mettre la force en mouvement implique le déplacement des individus. Ainsi, le timide marche aux côtés du brave. La force ne fait qu'un lorsqu'elle est en mouvement.

Un chef doit agir en fonction des possibilités et des opportunités pour trouver la victoire.

Profitez de la situation. Pour pouvoir suivre cette règle au mieux, trois situations sont à observer : le moral de vos militants et de vos adversaires, le contrôle du terrain et la façon de profiter de la faiblesse de l'opposition.

Quand un chef se sert de l'énergie combinée, les militants sont comme des pierres dévalant une colline. Une pierre reste immobile sur un sol plat et roule dans une pente. Elle s'arrête si elle est rectangulaire mais, si elle est ronde, elle continuera à rouler en descendant la pente. Ainsi, l'énergie développée par des militants entraînés et bien disciplinés est comme l'élan d'une pierre ronde qui dévale jusqu'en bas d'une très haute montagne.

C'est la stratégie qui détermine la direction de l'énergie et de la force. Le chef est responsable de cette direction qui, lorsqu'elle est utile à la Terre, est le but stratégique de l'éco-guerrier.

La lutte pour la planète est une force de combat organisée composée de guerriers qui consacrent leur énergie aux objectifs de protection de la biosphère. Force, énergie et organisation sont les ingrédients d'une lutte efficace pour la planète.

Comprendre la nature ne suffit pas, il faut la défendre et la préserver.

EDWARD ABBEY[1]

7. Discrétion et imprévisibilité

Certum est quia impossible est[2].

Si vous souhaitez porter un coup à l'impact aussi puissant qu'un tsunami ou qu'un tremblement de terre, vous devez comprendre ce qui est invisible aussi bien que ce qui est visible.

Quand vous en avez la possibilité, soyez le premier sur le terrain. C'est l'ennemi qui doit venir à vous. Si vous n'êtes pas le premier présent sur le terrain, ne précipitez pas le combat. Assurez-vous que votre force de combat n'ait pas été épuisée. Vous devez imposer votre volonté à l'ennemi, tout en l'empêchant d'en faire autant. Parfois, en présentant à l'ennemi un avantage à prendre, vous réussirez à l'attirer à vous. Ou bien, en lui infligeant des dégâts, vous pouvez lui rendre toute tentative d'approche impossible. Dans la première situation, attirez-le avec un appât ; dans le second cas, frappez à un endroit important qu'il sera obligé de défendre.

Si l'ennemi se repose, harcelez-le ; s'il ne se déplace pas, forcez-le à bouger ; si vous êtes bien approvisionné, patientez et coupez les vivres à votre adversaire.

Occupez les endroits qu'il devra s'empresser de défendre, déplacez-vous rapidement aux endroits où il ne vous attend pas. Attaquez les points que votre adversaire ne peut pas défendre. Maintenez les positions qui ne peuvent pas être attaquées. Si un chef est habile

1. Edward Abbey, *op. cit.*
2. En latin : "C'est certain parce que c'est impossible."

dans les techniques d'attaque, l'adversaire ne saura pas quel point défendre. S'il est habile dans les techniques de défense, l'ennemi ne saura pas quel point attaquer.

Apprenez l'art de la subtilité et du secret. Apprenez à être invisible, inaudible. Ne combattez que lorsque vous souhaitez combattre.

Si l'ennemi est en sécurité, forcez-le à bouger en attaquant un endroit non défendu. Si l'ennemi essaie de vous pousser à attaquer, coupez ses lignes de communication et déplacez-vous autour de ses points forts et derrière ceux-ci.

Si vous ne souhaitez pas vous battre, empêchez l'ennemi d'amorcer le combat.

Vous pouvez y arriver en plaçant sur son chemin quelque chose d'étrange et d'imprévisible.

En 1981, deux membres de mon équipage et moi-même avons débarqué sur une plage de Sibérie à la recherche de preuves concrètes de chasse illégale à la baleine de la part des Soviétiques. Deux soldats soviétiques se rapprochèrent de nous. Je leur tournai le dos et remontai à bord du canot pneumatique. Les deux membres de mon équipage étaient assis sur la proue face à la plage tandis que je nous éloignais lentement du rivage. J'ai demandé : "Qu'est-ce qu'ils font ?" Mon photographe m'a répondu : "Ils ont leurs fusils braqués sur nous. Je crois qu'ils vont tirer." Je leur ai alors suggéré, sans les regarder : "Souriez et faites-leur un petit signe de la main." Mes deux membres d'équipage s'exécutèrent. Je continuai à tourner le dos aux deux gardes jusqu'à ce que nous soyons hors de portée. Ils ne tirèrent pas.

Ma tactique les a troublés. Ils n'avaient aucune certitude quant à notre identité et nous paraissions amicaux. En cas d'erreur, ils risquaient d'être sévèrement punis. Il est psychologiquement difficile de tirer dans le dos d'une personne qui n'a montré aucun signe de menace. Il est encore plus difficile de tirer sur quelqu'un qui vous sourit et qui vous fait coucou. D'un côté, c'était un gros risque, mais j'ai décidé de tenter ma chance et cela a fonctionné.

Enquêtez sur les dispositions de votre adversaire tout en restant invisible. Apprenez à concentrer vos forces tout en divisant celles de votre adversaire.

Divisez et régnez. Mesurez votre force au complet à différentes fractions des troupes de votre adversaire. Pour consolider une partie d'un tout, une autre partie doit être affaiblie : tirez parti de cet avantage. Vous devez choisir l'endroit et le moment de la confrontation. Cherchez à toujours placer le fardeau de la réaction sur votre adversaire.

Si l'ennemi est supérieur en nombre, empêchez-le d'amorcer le combat. Enquêtez sur ses plans et sur leurs chances de réussir. Maintenez-le sur le qui-vive et découvrez sur quoi repose son activité ou son inactivité. Forcez-le à se révéler. Comparez vos forces avec celles de votre opposant afin de déterminer vos atouts et vos faiblesses.

Dans la prise de décisions tactiques, le plus important est de dissimuler vos plans et vos dispositions. Ainsi, vous serez hors de portée du regard de l'espion le plus subtil.

Façonnez votre victoire à partir des propres tactiques de l'ennemi. Tout le monde peut appréhender les tactiques individuelles nécessaires à la victoire, mais il est plus difficile de distinguer la stratégie à partir de laquelle la victoire totale va pouvoir se développer.

Les tactiques sont comme l'eau. L'eau dans son état naturel coule du haut vers le bas. Lorsqu'elle rencontre un obstacle, sa course évite ce qui est fort et frappe ce qui est faible. Le cours d'eau se construit selon la nature du sol sur lequel il coule. Le guerrier remporte une victoire en fonction du comportement de son adversaire.

Ainsi, tout comme l'eau qui ne garde pas constamment la même forme, la confrontation n'aura pas constamment les mêmes conditions. Les cinq éléments, c'est-à-dire l'eau, le feu, le bois, le métal et la terre, ne prédominent pas toujours de manière égale. Les quatre saisons succèdent les unes aux autres. Modifiez vos tactiques selon l'adversaire que vous affrontez et vous connaîtrez la réussite en tant que capitaine des tactiques et de la stratégie.

Contrairement à vous, nous autres humains sommes emplis d'émotions imprévisibles.

CAPITAINE JAMES T. KIRK,
"Planète des illusions", *Star Trek*, saison I, 1966.

Lors de l'opération *Tar Baby Farley*, basée sur la duperie[1], le ministre canadien de la Pêche, Loyola Hearn, a tenté de me discréditer en disant que, ne me trouvant pas sur le bateau, je m'étais conduit comme un lâche. Il était bien sûr frustré : je lui avais refusé l'opportunité de me capturer et nous avions tendu un piège dans lequel il était tombé la tête la première. Je l'ai nargué avec succès mais il a échoué dans sa tentative de se moquer de moi.

L'extrême prévisibilité du ministre a été d'une aide considérable. J'ai ainsi pu utiliser contre lui sa colère et son instabilité, ainsi que ses ambitions politiques.

8. Les manœuvres

Coelum non animum mutant qui trans mare currunt[2].

Aucune expédition stratégique ne peut être entreprise, aucun combat ne peut être gagné si votre organisation ou votre corps expéditionnaire manque de cohésion.

1. Je l'ai racontée plus en détail p. 104.
2. En latin : "Courir au-delà des mers, c'est changer de climat, mais non changer de cœur." *(N.d.T.)*

Lors d'un conflit, le chef reçoit des instructions de l'organisation. Une fois les forces réunies, il doit associer et harmoniser les différents éléments dont il dispose.

Après cette première phase d'organisation vient la phase la plus difficile, à savoir la manœuvre tactique. La difficulté consiste à dénouer une situation critique et à convertir la malchance en victoire – par exemple, prendre une route longue et sinueuse après avoir entraîné l'ennemi en dehors du chemin ou partir à sa poursuite pour atteindre son objectif avant lui. Ces décisions illustrent votre connaissance de la manœuvre tactique.

Manœuvrer avec une force disciplinée constitue un avantage ; c'est, au contraire, très dangereux si votre force est indisciplinée. Ne constituez jamais une force entièrement équipée pour prendre les devants : vous arriverez probablement trop tard. Formez plutôt une unité indépendante qui pourra facilement se passer d'équipements et d'approvisionnements, ce qu'une force entière ne peut réaliser.

N'intégrez jamais une alliance sans connaître les motifs de votre allié potentiel. N'envoyez pas la totalité de votre force sur un terrain inconnu : mettez toujours à profit les connaissances des guides locaux.

Au cours de mes campagnes contre la chasse aux phoques à Terre-Neuve en 1976-1977, j'ai embauché des guides locaux. J'ai également envoyé des espions en éclaireurs à Terre-Neuve plusieurs mois à l'avance, afin d'aller explorer le terrain et sonder le tempérament de la population locale. Avant de lancer cette campagne, je me suis moi-même rendu à Terre-Neuve pour évaluer la situation. Ces précautions ont été très précieuses.

Lors d'un conflit, camouflez-vous. Ne vous déplacez que si l'avantage que vous en retirez en vaut vraiment la peine. La décision de regrouper ou diviser votre force doit être prise en fonction de la situation dans laquelle vous vous trouvez. De manière générale, agissez et attaquez rapidement. Restez unis et inébranlables.

Assurez-vous que vos plans ne soient connus de personne.

Réfléchissez bien et pesez le pour et le contre avant d'entreprendre une action.

Apprenez à communiquer par signaux.

Apprenez à vous servir des médias et comprenez qu'ils ne font pas seulement passer un message : ils SONT le message ET le massage. Les gens sont **constamment manipulés, normalisés, réorientés, amadoués, courtisés et manœuvrés**. C'est une arme à double tranchant qui peut facilement se retourner contre vous. Gardez vos distances avec cette arme.

Vos militants sont plus disposés à vous écouter le matin ; vers midi, cette disposition commence à faiblir et elle a pratiquement disparu en fin de journée. Rappelez-vous-en lors de vos actions et, par la même occasion, imposez vos choix le soir, lorsque leur esprit de rébellion est au plus bas.

Si votre ennemi est sur le chemin du retour, ne vous interposez pas. Une personne déterminée à rentrer chez elle se battra avec énergie face à tout obstacle lui barrant le chemin. Laissez-le se replier.

Lorsque vous encerclez une force rivale, laissez toujours croire à votre ennemi qu'il dispose d'un passage pour battre en retraite afin de vous protéger d'actions dictées par le désespoir et l'amertume. Ne poussez pas votre ennemi à se sentir totalement humilié. En effet, l'humiliation conduit au désespoir ; ne bousculez donc pas trop un ennemi désespéré.

Les batailles sont gagnées grâce aux massacres et à la stratégie. Plus le général est brillant, plus il fait preuve de stratégie et moins il ordonne de massacres.

WINSTON CHURCHILL[1]

1. Winston Churchill, *La Crise mondiale (1911-1915)*, Payot, Paris, 1925.

De plus, n'utilisez jamais deux fois la même stratégie pour la même situation et contre le même ennemi.

En 1981, j'ai mené une expédition en Sibérie soviétique afin d'obtenir des preuves de la chasse illégale à la baleine. Mon équipage et moi avons débarqué sur la plage en gardant mon navire à un peu moins de deux nœuds du bord. Les membres de mon équipage ont commencé à filmer et à photographier la station de pêche à la baleine à la vue de deux soldats soviétiques. Ces derniers ne s'y sont pas opposés, pensant que nous étions des scientifiques soviétiques ou des officiels du gouvernement. Le temps qu'ils soupçonnent que ce que nous faisions était illégal, nous avions obtenu les preuves voulues et nous étions remontés à bord du navire. Aucun membre de mon équipage n'a été blessé ni appréhendé.

Deux ans plus tard, la Fondation Greenpeace a mené une campagne similaire dans la même région. Huit personnes ont été arrêtées et accusées d'espionnage, tandis qu'un autre membre de l'équipage s'en est sorti avec une jambe cassée. Leurs preuves ont toutes été saisies.

Ce qui avait marché en 1981 ne pouvait plus passer en 1983. La stratégie de la surprise ne peut être utilisée deux fois au même endroit contre le même ennemi.

Traversez leur gouvernement, semez la dissension parmi leurs chefs, fournissez des sujets de colère aux uns contre les autres, faites-les murmurer contre leurs officiers, ameutez les officiers subalternes contre leurs supérieurs, faites en sorte qu'ils manquent de vivres et de munitions, répandez parmi eux quelques airs d'une musique voluptueuse qui leur amollisse le cœur, envoyez-leur des femmes pour achever de les corrompre, tâchez qu'ils sortent lorsqu'il faudra qu'ils soient dans leur camp, et qu'ils soient tranquilles dans leur camp lorsqu'il faudrait qu'ils tinssent la campagne ; faites-leur donner sans cesse de fausses alarmes et de faux avis ; engagez dans vos intérêts les gouverneurs de leurs provinces ; voilà à peu près ce que vous devez faire, si vous voulez tromper par l'adresse et par la ruse.

SUN TZU[1]

9. Rester centré

Virtutis fortuna comes[2].

Ne campez pas en terrain difficile et ne restez pas dans des endroits isolés. Si vous vous retrouvez dans une situation délicate, faites preuve de stratégie ; mais, dans une situation désespérée, vous devrez vous battre.

Certaines forces ne doivent pas être combattues, certaines positions ne doivent pas être contestées et certains ordres ne doivent pas être obéis.

Les avantages et les inconvénients doivent être considérés ensemble.

Rabaissez les chefs qui s'opposent à vous en leur infligeant directement des dommages ; mettez des obstacles sur leur route et gardez-les constamment en alerte ; présentez-leur des appâts et envoyez-les courir où vous le souhaitez.

Écartez les meilleurs guerriers et conseillers de votre ennemi. Recrutez des traîtres et introduisez des espions chez votre ennemi pour affaiblir ses décisions. Encouragez les complots et la supercherie ; semez la discorde parmi les chefs et les affiliés de votre ennemi.

Corrompez ses valeurs morales. Perturbez-le et déstabilisez-le par l'utilisation de stratégies diverses. Ne soyez pas convaincu que

1. Sun Tzu, *L'Art de la guerre*, IVe siècle av. J.-C.
2. En latin : "La chance est le compagnon du courage." *(N.d.T.)*

vous ne serez pas attaqué mais fiez-vous au caractère imprenable de votre situation. Restez prêt à affronter votre opposant.

Il existe cinq erreurs dangereuses qui peuvent affaiblir un chef et lui être néfastes :

La première est l'imprudence, qui conduit à la destruction.

En 2009, j'ai pris une décision imprudente car j'avais besoin d'un navire d'interception rapide dans l'océan Austral. Un charlatan m'a approché pour me proposer d'utiliser son bateau. Mon erreur fut de le laisser aux commandes. Son imprudence a causé la perte de l'embarcation, qui s'est fait éperonner par un baleinier japonais. Je ne pouvais pas maîtriser sa témérité et, s'obstinant à aborder un baleinier japonais en dépit de mes recommandations, il s'est tout de suite fait arrêter. Il a alors conclu un accord avec les Japonais, m'accusant d'avoir ordonné l'abordage, puis il a intenté un procès à Sea Shepherd pour être dédommagé de son bateau, perdu du fait de sa propre incompétence. Résultat : le Japon a émis un mandat d'arrêt contre moi pour "conspiration en vue de violation de propriété".

La seconde est la lâcheté, qui mène à la capture (un chef prudent à l'excès risque également d'être capturé).

Là encore, l'homme qui m'a vendu contre sa liberté a agi par lâcheté. Un lâche n'a pas sa place dans un mouvement activiste.

La troisième est la fierté, qui est sensible à la honte.

La quatrième est l'emportement, qui peut être provoqué par des insultes. Je mets un point d'honneur à ne jamais répondre aux insultes.

La dernière est une trop grande sollicitude envers vos militants, qui expose de ce fait le chef aux angoisses et aux problèmes.

Il vous faut garder à l'esprit qu'à long terme, vos militants seront plus affectés par l'échec de vos objectifs communs que par les efforts à accomplir pour les réaliser. Ils se plaindront car c'est dans la nature humaine. Ne répondez pas pour autant à toutes leurs sollicitations, cela détournerait leur énergie de l'objectif principal. Les militants ne respecteront pas un chef qui échoue, quelle que soit sa gentillesse. L'attention et la gentillesse seront bien vite oubliées en cas de défaite. Seul le chef doit répondre d'une défaite. En cas de victoire, les bénéfices sont partagés par tous. La responsabilité du chef est avant tout dirigée vers l'objectif.

Le chef se doit de fournir des ressources adéquates pour assurer le bien-être de ses militants en déléguant son autorité. Il ne doit pas se soucier de leurs réclamations.

Un chef sur le terrain ne doit jamais céder aux demandes de démocratie.

La prise de décisions appartient au chef. En cas d'issue positive, ses camarades de combat et lui partagent la victoire mais, en cas de défaite, il doit en assumer seul les conséquences.

Ainsi, en cédant à la demande des membres de mon équipage qui souhaitaient quitter le terrain, j'ai fait une erreur et je suis allé à l'encontre de ma volonté pour les apaiser. Par conséquent, mon navire et mon équipage ont été capturés par les autorités dans une zone que je n'avais pas choisie. J'ai dû subir cette humiliation et assurer notre défense seul. De plus, la plupart des membres de mon équipage ont refusé de participer au financement de notre défense ou d'en assumer certains devoirs. Ils ont rejeté toute responsabilité. Cette situation m'a servi de leçon : les décisions ne doivent être prises que par ceux qui sont aux commandes. Devoir assumer les conséquences influence le processus de prise de décisions sur le terrain.

Pour qu'une campagne soit efficace, il faut toujours garder ses objectifs à l'esprit. Voilà ce que j'appelle "rester centré". Toutes les décisions doivent être ancrées dans l'objectif de la cause.

10. Choisir le champ de bataille

Ce chapitre traite des actions écologistes sur le terrain, en particulier de celles qui ont lieu en pleine nature ou dans les jungles urbaines.

Agissez toujours avec prévoyance et ne sous-estimez jamais votre ennemi.

Installez votre campement dans des endroits élevés, en direction du soleil. Assurez-vous d'avoir une bonne vision de votre terrain.

Lors du cloutage d'arbres, par exemple, commencez toujours par le haut du terrain puis descendez. Assurez-vous d'avoir plusieurs guetteurs et communiquez grâce à un système de signaux.

Ne vous lancez pas dans une confrontation si vous êtes dos à une rivière ou à une étendue d'eau, à moins d'avoir préparé un moyen de la traverser.

Après avoir traversé un cours d'eau, éloignez-vous-en rapidement. Si vous devez engager le combat avec votre ennemi sur une rivière, approchez-vous toujours par l'amont. Ne vous déplacez jamais vers l'amont pour combattre. Ne jetez jamais l'ancre en aval de votre ennemi.

De même, ne vous placez jamais dos à des falaises, des eaux vives, des lieux confinés, des marécages ou tout autre danger naturel.

Assurez-vous d'avoir toujours un moyen de battre en retraite. Dans le voisinage de votre camp, surveillez et inspectez régulièrement les collines environnantes, les cavités, les mares, les hautes herbes, les buissons et les arbres. L'ennemi pourrait s'y trouver en embuscade ou espionner vos faits et gestes.

Lorsque votre ennemi est calme et à votre portée, c'est qu'il compte sur l'avantage naturel de sa position. Lorsqu'il essaie de provoquer une confrontation, c'est que vos actions l'inquiètent.

Si le campement de votre ennemi est facilement accessible, restez vigilant : il peut s'agir d'un piège.

Restez aux aguets : des oiseaux qui s'envolent soudainement ou des animaux surpris sont un excellent moyen de déceler la présence d'autres personnes ou l'approche d'un ennemi.

Le regroupement d'oiseaux en un seul endroit indique que personne ne se trouve dans les environs. Soyez attentif aux signes de la nature. Les perturbations peuvent facilement être repérées, tout comme l'arrivée d'un groupe. Restez aux aguets et analysez ces signes.

Dans les zones urbaines, ne courez pas pour fuir un incident : cela attirerait l'attention sur vous. Mêlez-vous plutôt à la population dans la rue et ayez l'air calme.

Dans les zones sauvages, si l'ennemi s'approche à grand bruit, c'est qu'il est confiant ; s'il est silencieux, c'est qu'il n'est pas assuré ou qu'il cherche à être discret.

Pour éviter d'être poursuivi, ne courez pas.

À la première occasion, essayez de vous fondre dans la foule : ce qui paraît évident est parfois moins suspect.

Alors que j'étais à bord d'un bateau que j'étais en train de saboter, des policiers m'ont repéré depuis la route à cause de la lampe de poche que j'utilisais. Au lieu de me cacher à bord du bateau, je me suis immédiatement rendu sur le pont et je suis allé à la rencontre des deux officiers de police, qui sortaient de leur voiture garée sur le quai. Après que je les ai salués cordialement, l'un d'eux s'est excusé et m'a dit qu'il ne savait pas qu'il y avait un équipage à bord. Il pensait avoir affaire à un voleur. Je l'ai remercié de s'être inquiété, puis je lui ai dit que je venais tout juste d'arriver et que je tentais de remettre un générateur en marche. Les policiers sont repartis. J'ai alors lancé le générateur et j'ai terminé mon travail en bénéficiant de la lumière et de l'électricité.

Ayez toujours un moyen de fuite ainsi qu'une bonne connaissance du terrain. Prévoyez également une couverture, une fausse identité et un alibi.

La meilleure règle à suivre est d'éviter toute confrontation si elle n'est pas nécessaire.

1. Restez toujours à l'affût et ayez toujours l'esprit clair quelle que soit la situation.
2. Demeurez invisible sur le champ des opérations.
3. Évaluez le niveau de risque pour chaque situation.
4. Restez toujours maître de vos actions. Si vous êtes chef, suivez vos propres conseils. Si vous êtes militant, faites confiance à votre chef.
5. Ne prenez jamais de stimulants qui pourraient nuire à votre jugement et ne travaillez pas avec ceux qui le font.
6. En cas de provocation, essayez d'éviter la confrontation. La plupart des combats n'en valent pas la peine.
7. Dans un premier temps, ne faites confiance qu'à vous-même. Puis, à vos risques et périls, fiez-vous uniquement à ceux qui ont gagné votre confiance.
8. Maintenez toujours votre corps en bonne santé. Dans le cas contraire, éviter une confrontation n'est plus une option mais une nécessité.
9. Restez toujours concentré sur votre objectif stratégique. Si vous le pouvez, évitez habilement les confrontations et défendez-vous uniquement en cas d'ultime nécessité.
10. Apprenez l'art de la duperie et exercez-le.

11. Terrain et situations

A fronte praecipitium a tergo lupi[1].

Le terrain et les situations peuvent être classés selon qu'ils sont accessibles, piégés, indéfinis, difficilement accessibles, élevés et éloignés.

1. En latin : "Un précipice devant, des loups derrière." Cela revient à dire, de nos jours, "pris entre le marteau et l'enclume".

Ceux qui peuvent être traversés librement et aisément sont considérés comme accessibles.

L'avantage revient au camp qui se déplace et prend possession d'une position le plus rapidement ou qui, le premier, sait tirer parti d'une situation. Sur un terrain découvert, les éco-saboteurs, les militants chargés de retirer les piquets de délimitation, ceux qui participent à des actions directes contre la chasse (les *hunt saboteurs*) et les autres doivent se déplacer rapidement et de manière disciplinée.

Il est parfois aisé de quitter certains terrains et certaines situations mais y retourner est plus difficile. Dans ce cas, l'avantage vous revient uniquement si l'ennemi n'est pas préparé. Dans le cas contraire et en cas d'échec, il vous sera difficile de vous retirer. Se retrouver dans une situation épineuse et sur un terrain sur lequel vous êtes pris au piège ne constitue pas une bonne situation.

En 1986, mon équipage a réussi à faire fuir la moitié de la flotte baleinière d'Islande. Cette tactique a fonctionné en Islande car les Islandais n'y étaient pas préparés, mais elle n'aurait pas fonctionné au Japon où les baleiniers sont préparés au sabotage. Notre équipage a réussi à sécuriser une intervention dans une station baleinière et à planifier une attaque sans anicroches, dans un environnement où il pouvait opérer sans éveiller les soupçons.

Le terrain et les situations qui sont aussi désavantageux pour un camp que pour l'autre sont considérés comme indéfinis. L'ennemi tentera de vous appâter afin de vous attirer du côté désavantageux.

N'allez pas plus loin. Battez en retraite et feignez la faiblesse.

Attirez votre adversaire vers la position la plus faible, puis retournez-vous, et frappez rapidement et fermement. Ne le laissez pas choisir vos cibles. En Colombie-Britannique, les entreprises d'exploitation forestière avaient résolument annoncé leur volonté de détruire des régions vierges et écologiquement sensibles. C'était très rusé de leur part. Une telle annonce a ensuite reçu une réponse prévisible : les groupes écologistes ont déployé de l'énergie et des ressources dans la direction choisie par les entreprises forestières, ce qui a permis la destruction sans aucune opposition d'autres régions moins vierges mais tout aussi sensibles d'un point de vue écologique, qui furent ignorées par les écologistes.

Au final, les industries forestières ont annoncé que 50 % de la zone visée ne serait pas exploitée. Elles n'avaient jamais eu l'intention de l'exploiter mais, en donnant aux écologistes l'illusion d'une victoire, elles les ont adoucis. En Colombie-Britannique, les politiques d'exploitation forestière reposent toutes sur cette grande stratégie. Comme on peut s'y attendre, les associations écologistes n'y restent jamais indifférentes, elles sont ainsi manipulées et contrôlées par les intérêts des forestiers.

En Colombie-Britannique, les entreprises forestières ont donc mis en place une stratégie d'un plus haut niveau. La réponse simple du mouvement écologiste lui a valu de se voir canalisé et contrôlé par les intérêts des forestiers.

Les zones difficilement accessibles, tel un passage étroit, ne peuvent être utilisées qu'après avoir été inspectées à votre arrivée, puis renforcées et contrôlées afin de pouvoir attendre l'adversaire. Si celui-ci s'est approprié la position en premier, ne partez jamais à sa rencontre. Lorsque vous pratiquez le cloutage dans une région montagneuse, placez des observateurs équipés de radios sur les routes qui mènent à ladite région. Une fois sur place, vous pourrez effectuer l'opération sans avoir peur d'être découverts et les clouteurs pourront se cacher dans la forêt si l'adversaire approche. Préparez-vous à devoir passer du temps dans la forêt. Aucun véhicule ne doit rester dans la zone que vous couvrez : tous les activistes doivent être déposés et récupérés à une heure précise. De plus, vous devez contrôler les points d'accès à la zone pour plus d'efficacité.

La même règle s'applique aux terrains élevés. Soyez le premier sur place et vous pourrez disposer du terrain. Ne lancez jamais une attaque contre un ennemi qui occupe une position en hauteur.

Lorsque vous campez près d'un point d'eau, installez toujours votre tente et vos provisions sur des terrains en hauteur.

Sur les terrains isolés, vos chaînes de ravitaillement doivent être fortes et protégées. Les chefs et les militants doivent être capables d'exploiter les ressources naturelles ainsi que les provisions de l'ennemi. Des militants trop forts et un chef trop faible entraînent une insubordination et l'inverse provoque le chaos ou la chute ; des militants en colère et désobéissants entraînent la perte du groupe ; un chef faible et sans autorité suscite des ordres ambigus et confus. Lorsque aucun devoir fixe n'est assigné aux officiers et aux militants, cela entraîne une désorganisation.

La clé du succès de la révolution américaine résidait dans les capacités d'organisation du général Nathanael Green, qui avait compris la nécessité d'assurer la continuité des chaînes de ravitaillement. Celles-ci, alliées aux stratégies d'attaque et de retraite de Green, ont permis au général Washington de gagner la guerre.

Lorsqu'un chef n'évalue pas correctement la force de l'ennemi et envoie des militants plus faibles que les troupes de l'adversaire, ceux-ci courent à leur perte.

Le meilleur exemple historique en est le massacre de l'armée entière du général George Armstrong Custer, qui avait sous-estimé la force de l'ennemi lors de la bataille de Little Big Horn en 1876.

Les six facteurs suivants peuvent mener à la défaite : une mauvaise estimation de la force de l'ennemi, un manque d'autorité, un entraînement insuffisant, une colère injustifiée, un manque de discipline et une incapacité à sélectionner des militants entraînés et disciplinés.

Si le chef connaît le terrain et sait évaluer la force de l'opposition, s'il peut contrôler les forces et la situation, s'il peut calculer les difficultés, la distance, les dangers et le temps, il triomphera. Dans le cas contraire, il connaîtra la défaite. S'il connaît l'ennemi et se connaît lui-même, il ne sera pas en danger.

Les décisions stratégiques sur le terrain doivent être prises sur le terrain et non pas par des bureaucrates loin de la situation.

La décision d'avancer ou de battre en retraite ne peut être prise que si elle est indépendante des désirs du chef ; ce dernier ne doit pas être motivé par la célébrité ou les gains matériels. Le seul désir qu'il doit cultiver est celui de vaincre son adversaire et d'atteindre les objectifs.

Les chefs doivent respecter leurs affiliés.

Le mouvement écologiste doit respecter le terrain des groupes écologistes locaux. Les grands groupes nationaux créent des tensions s'ils organisent des campagnes sans la participation des groupes locaux.

Les groupes locaux sont la force du mouvement écologiste.

Deux ou plusieurs groupes locaux situés dans la même zone et ayant des objectifs similaires mais des tactiques différentes doivent accepter de ne pas être d'accord sur des approches tactiques. Dans le cas contraire, ils gaspilleront leurs énergies dans des débats improductifs à propos de problèmes subjectifs, et ce, au bénéfice de l'opposition qui sera parvenue à les diviser.

Si deux groupes ne s'apprécient pas, ils doivent appliquer une politique de non-critique mutuelle. Si l'un des groupes ne peut s'empêcher de critiquer l'autre, ce dernier, moralement supérieur, devra mener une politique de non-représailles.

Dans certaines situations, un groupe local aura tout intérêt à critiquer publiquement une grande organisation nationale ou internationale pour sa bureaucratie, ses détournements de fonds, sa récupération des causes et sa corruption.

De nombreuses grandes organisations écologistes reflètent le système. Dans certains cas, il est pratiquement impossible de distinguer des différences entre la moralité, la constitution, la bureaucratie et l'égoïsme des entreprises multinationales et ceux des organisations écologistes internationales.

Lorsqu'un groupe écologiste, telle une multinationale verte, agit dans le but de s'enrichir et n'est pas sensible aux organisations locales, il devrait être critiqué.

De plus, il n'est pas très avantageux pour un tel groupe de critiquer une association locale plus modeste.

Parfois, l'opposition constitue un groupe "local" afin de récupérer une cause. Dans ce cas, il faut étudier ces liens et les révéler d'une façon crédible.

Un éco-guerrier doit être conscient du terrain et des situations. Le guerrier doit être capable d'examiner, d'occuper, de sécuriser ou de refuser de tenir une position ou une situation.

Il doit pouvoir contrôler la situation et toutes les directions du terrain.

12. L'attaque par le feu

Similia similibus curantur[1].

Selon Sun Tzu, le feu peut être utilisé de cinq manières différentes. La première consiste à s'en servir à l'encontre des personnes. Un éco-guerrier doit s'abstenir de tuer délibérément. Le feu étant un élément imprévisible et incontrôlable, c'est une méthode que je ne cautionne pas dans ce livre. Certains peuvent employer des tactiques impliquant l'utilisation d'un feu contrôlé, comme le décrit Sun Tzu, mais j'ai choisi de ne pas le faire.

Le seul feu que je cautionne est celui de la passion qui est, en réalité, le plus efficace de tous. Il est positif, constructif et noble.

J'ai choisi d'inclure ce chapitre dans le livre car je ne souhaite pas censurer Sun Tzu. De plus, de vraies leçons sont à tirer des stratégies utilisant le feu qu'il décrit.

Les quatre autres manières de se servir du feu que décrit Sun Tzu sont les suivantes : la destruction des provisions, celle de l'équipement, celle des armes et l'utilisation d'explosifs et de missiles.

1. En latin : "Les semblables se guérissent par les semblables" ou "Combattre le feu par le feu".

Lorsque vous faites usage du feu comme d'une arme, prenez toujours en compte la force et la direction du vent, ainsi que la sécheresse de l'endroit que vous ciblez. Les attaques incendiaires dépendent souvent des conditions météorologiques.

Lorsque le vent souffle le jour, il décroît la nuit.

Lorsque vous attaquez par le feu, approchez-vous de votre ennemi dans le sens du vent.

Préparez toujours votre matériel à l'avance et utilisez les matériaux appropriés à votre situation.

Si vous brûlez les provisions de votre ennemi sur le terrain, cela lui causera des dégâts mais il est plus efficace d'employer le feu pour détruire des armes et du matériel.

Le feu peut être utilisé de manière efficace pour faire diversion.

Il existe deux types de feu : le feu contrôlé et le feu incontrôlé.

L'utilisation de bouteilles d'oxygène et d'acétylène permet d'avoir un certain contrôle sur le feu. Cette méthode est idéale pour attaquer des machines ou des cibles immobiles en métal telles que les panneaux publicitaires ou les bulldozers. Pour couler des bateaux, des chalumeaux sous-marins peuvent être employés.

À Sea Shepherd, nous avons recours au feu pour détruire les filets dérivants et les longues lignes que nous saisissons. Pour les faire disparaître, nous construisons des braseros avec des barils de pétrole hors d'usage, auxquels nous connectons des tuyaux en acier afin de créer un tirage et de faire monter la température.

Les feux provoqués par l'utilisation de carburant ou par une explosion sont, quant à eux, incontrôlables et imprévisibles. Faites extrêmement attention. Une fois démarrés, il est difficile de les arrêter sans causer d'importants dégâts. Ne négligez pas ce qui peut entraîner la mort ou des blessures graves. N'utilisez jamais des explosifs sans savoir comment le faire. Personnellement, je préfère ne pas me servir des feux et des explosifs.

Le feu est à utiliser dans les situations qui nécessitent une attaque radicale. Les attaques par le feu sont synonymes de dégâts très importants. Elles provoqueront la colère de votre ennemi. Soyez prêt à faire face à cette colère.

Par exemple, les incendies provoqués à Aspen, dans le Colorado, par l'Earth Liberation Front (ELF) ont déclenché des chasses à l'homme effrénées de la part du FBI pour retrouver les responsables. Ils ont été arrêtés, et reconnus coupables.

Il est préférable de ne pas avoir recours au feu lors des opérations à découvert. En effet, l'utilisation du feu et des explosifs est difficile à justifier auprès du public. Un incendie volontaire constitue un crime grave.

Le feu et les explosifs sont employés plus efficacement lors des opérations secrètes.

Si on utilise du feu contre vous, ne cédez pas à la panique. Étudiez la direction du feu, restez près du sol et battez en retraite.

Des explosifs peuvent également être employés contre vous. Inspectez toujours votre véhicule afin de déjouer toute tentative de sabotage avant de démarrer le moteur. Si cela est possible, démarrez votre véhicule à distance. Utilisez des détecteurs de fumée et des extincteurs. Préparez-vous aux attaques éventuelles par le feu ou les explosifs.

Le feu est redoutable, extrême, imprévisible et dangereux. Ayez une bonne connaissance de l'utilisation du feu dans les stratégies offensives et soyez prêt à gérer le feu dans une position défensive.

Dans certaines situations tactiques, les produits chimiques peuvent être employés. Certains d'entre eux produisent de fortes odeurs, efficaces pour évacuer des zones ou disperser la foule. Faites attention à la direction du vent si vous vous servez de ces produits dans des opérations en plein air. Assurez-vous de pouvoir vous enfuir de façon organisée si vous les utilisez dans des espaces confinés. La fumée peut être employée pour les mêmes fins ou pour camoufler une approche.

Sea Shepherd a également eu recours à des bombes puantes et à des bombes fumigènes pour lutter contre les opérations illégales de pêche à la baleine menées par les Japonais.

Les acides chimiques peuvent servir à endommager les machines. Lors d'une attaque contre des usines ou des installations chimiques, ayez connaissance du degré de toxicité des produits chimiques utilisés sur le site et portez une protection en cas de projection.

Notre civilisation a développé une société basée sur les produits chimiques. Elle en fabrique plus de cent mille différents. Les entreprises du secteur de la chimie sont en première ligne de nos opposants. Pour combattre l'armada chimique, nous devons comprendre ses produits et utiliser la chimie. Le feu peut être combattu par le feu. Les produits chimiques peuvent être combattus par les produits chimiques ou par la connaissance scientifique.

Si vous employez des explosifs, il est conseillé de suivre une formation militaire ou industrielle. Le manque de connaissance peut vous tuer et tuer les autres. Tuer quelqu'un intentionnellement avec des explosifs est un acte lâche et ne peut être justifié au sein d'une stratégie utilisée par un éco-guerrier. Cependant, s'il s'agit de la seule défense possible, préparez-la minutieusement et mettez votre plan à exécution avec la plus grande efficacité.

Le feu, les explosifs et les produits chimiques doivent uniquement être employés par des spécialistes. Une stratégie ayant recours au feu entraîne la destruction totale des provisions et des équipements de votre opposant. Dans notre société, les cibles les plus vulnérables sont les ordinateurs. Détruisez les bases de données de votre ennemi : vous lui infligerez des pertes financières et matérielles substantielles, vous menant ainsi au succès. Le pouvoir et les données ne font qu'un dans une société basée sur les médias.

Utilisations constructives du feu

Détruisez toujours par le feu les documents et le matériel pouvant être utilisés contre vous et dispersez-en les cendres. Apprenez à faire un feu sur le terrain. Cela pourrait vous sauver la vie. Rappelez-vous : une tactique mal préparée entraîne une piètre stratégie.

Il semble qu'il y ait une loi de la nature, inflexible et inexorable, selon laquelle ceux qui ne prennent pas de risques ne peuvent pas gagner.

CAPITAINE JOHN PAUL JONES[1]

13. L'utilisation des agents de renseignements

Nam et ipsa scientia potestas est[2].

Il est plus sage de trouver la réponse que de supposer.

MARK TWAIN[3]

La méthode la plus rentable pour vaincre votre adversaire est l'utilisation efficace et intelligente d'agents de renseignements.

Faire appel à ces agents est plus économique que de déployer un corps expéditionnaire sur le terrain.

1. Capitaine John Paul Jones, XVIIIe siècle.
2. En latin : "Car le savoir lui-même est pouvoir." *(N.d.T.)*
3. Mark Twain, *More Maxims of Mark*, ed. Merle Johnson, New York, 1927.

Lors de la confrontation avec votre adversaire, n'hésitez pas à avoir recours à des agents de renseignements pour évaluer sa situation.

Votre succès dépend fortement de vos connaissances préalables des mouvements et des stratégies de l'adversaire.

La seule façon d'acquérir ces connaissances préalables est d'infiltrer l'opposition par des agents de renseignements. Ils doivent être capables de découvrir, d'apprendre et de vous transmettre la position de votre ennemi.

Les agents de renseignements peuvent être classés selon cinq types : locaux, infiltrés, doubles, pions et survivants.

Si vous parvenez à organiser une structure de renseignements utilisant les cinq types d'agents, vous aurez la combinaison idéale pour obtenir les informations que vous souhaitez.

Les agents locaux sont des citoyens appartenant au pays ennemi.

Les agents infiltrés sont des employés de l'adversaire travaillant pour vous.

Les agents doubles sont des espions ennemis que vous employez.

Les agents pions sont les gens de votre bord, auxquels de fausses informations ont délibérément été données.

Les agents survivants sont capables de revenir avec des informations importantes.

Agents locaux

Il est recommandé de recruter des citoyens originaires des pays ennemis, qui pourront vous transmettre des informations. Vous pouvez parfois les convaincre en faisant appel à leurs motivations idéologiques (méthode la plus efficace), en les soudoyant financièrement ou en les contraignant.

Fournissez-leur les fonds et l'estime. Répondez à leurs demandes. Ce sont des agents précieux. Ils parlent la langue du pays et peuvent se déplacer plus facilement que des étrangers.

Néanmoins, soyez toujours préparé à une éventuelle trahison de la part d'un agent local.

Je ne peux pas vous donner d'exemples particuliers de mon expérience personnelle avec des agents locaux sans trahir l'identité de mes agents actuels ou passés. Je me contenterai de préciser que, dans chaque campagne, j'ai eu recours à des agents locaux pour les fins suivantes :

1. Préparer des rapports sur le terrain, sur les mouvements de bateaux et de cargos, sur les lieux, les individus et les informations pertinents.
2. Distribuer des informations, qu'elles soient correctes ou fausses.
3. Faire diversion.
4. Fournir une couverture, un abri et des provisions.
5. Traduire des informations importantes.
6. Infiltrer l'adversaire pour obtenir des informations et/ou saboter.

Agents infiltrés

Dans toute organisation ou dans tout gouvernement, vous rencontrerez des officiels mécontents. Beaucoup peuvent se rattacher à votre cause si vous faites appel à leurs désirs et à leurs idéaux. Bien qu'ils ne soient pas complètement dignes de confiance, ces agents peuvent vous fournir beaucoup d'informations précieuses.

L'un des vôtres, une personne que vous aurez formée pour infiltrer les rangs ennemis, sera un agent infiltré plus fiable.

Récompensez généreusement ces personnes.

Une fois, l'une de nos agents, habillée de façon suggestive, a arrangé une réunion en Norvège avec le dirigeant d'une entreprise de chasse à la baleine. En lui présentant l'une de ses fausses cartes d'identité, elle s'est fait passer pour une acheteuse d'une grande entreprise de fruits de mer japonaise. Elle a ensuite négocié la vente de quatre tonnes de viande de baleine avec l'entreprise norvégienne. Elle s'était munie d'une fausse lettre de crédit émise par une banque japonaise, ainsi que des détails de la livraison. Le paiement devait s'effectuer en espèces à la livraison de la commande.

La viande de baleine a été envoyée au Panama pour être ensuite transbordée vers le Japon. Notre agente a informé un autre agent qui a intercepté la livraison au Panama. Il est parvenu à soudoyer et à convaincre les dockers de lui donner accès aux conteneurs de viande de baleine.

Il a débranché les congélateurs, puis il a bloqué les jauges de température afin que rien ne paraisse suspect.

Les Japonais ont eu la mauvaise surprise de voir arriver de la viande avariée. Quant aux Norvégiens, ils étaient très en colère. L'opération a surtout coûté une fortune à l'entreprise de chasse à la baleine.

Pour dénoncer ce qui est puant, il faut parfois que cela le soit réellement.

Agents doubles ou convertis

Lorsque vous découvrez que vous êtes infiltré par des agents ennemis, proposez-leur de vous rejoindre et récompensez-les généreusement. Ils doivent continuer à rapporter des informations mineures ou fausses à leurs autres employeurs. Surveillez-les attentivement.

La meilleure façon d'utiliser ces agents est de leur faire communiquer de fausses informations à l'adversaire.

Des agents du gouvernement ont infiltré mon équipage à quatre reprises. J'ai soupçonné leur rôle par deux fois, et j'ai ainsi pu exploiter leurs compétences, les surveiller et les empêcher de nuire à mes plans ou de les divulguer.

À deux autres reprises, nous avons attrapé un agent sur le point de saboter le moteur tandis qu'un autre agent avait réussi à endommager le moteur et à retarder une campagne. Une troisième fois, j'ai surpris un agent du gouvernement canadien en train de voler des documents à bord du navire.

Du fait de ces incidents, je soupçonne tous les membres de mon équipage et je les surveille attentivement afin de déterminer s'ils sont fiables ou non.

Dans notre cas, il faut noter que, généralement, nous n'avons pas à nous inquiéter des agents gouvernementaux, le principe de Sea Shepherd étant de faire respecter les lois et non de les enfreindre. Néanmoins, nous devons nous méfier des agents infiltrés non gouvernementaux.

En Nouvelle-Zélande, un agent du gouvernement français a réussi à infiltrer la Fondation Greenpeace. Il en est résulté que le *Rainbow Warrior*, navire amiral de Greenpeace, fut miné et coulé.

Earth First! fut infiltré par des agents du FBI aux États-Unis. Des militants d'Earth First! furent ensuite piégés, arrêtés et emprisonnés.

Le 1er janvier 1980, je dus saborder l'un de mes propres navires qui se trouvait dans le port de Leixões, au Portugal. J'avais recruté un équipage au Portugal quelques jours plus tôt pour récupérer le navire que les autorités portugaises avaient saisi en représailles du sabordage du baleinier *Sierra*[1].

Mon équipage avait été infiltré par un membre d'une autre organisation écologiste qui tentait de nous saboter. À notre arrivée, nous avons découvert que notre navire avait été pillé et endommagé. J'ai informé l'agent infiltré que nous allions saborder le navire et nous diriger vers le nord séparément. Après le sabordage, je me suis rendu dans le sud avec mon équipage. L'agent infiltré s'est enfui vers le nord et, puisque nous avions laissé de nombreux signes de notre départ vers le nord, il fut arrêté. Il informa immédiatement les autorités que nous nous dirigions vers le Nord pour nous retrouver en Espagne. Grâce à ce stratagème, nous avons eu le temps de

1. Le *Sierra* était un baleinier pirate qui tuait illégalement et sans distinction près de 10 000 baleines par an. Le baleinier fut éperonné, puis coulé à quai en 1979 par Paul Watson et son équipe.

traverser la frontière avec l'Espagne au sud du pays. Nous avons réussi à nous enfuir.

L'agent infiltré fut emprisonné pendant quatre semaines au Portugal avant d'être relâché.

Agents pions

Un agent pion est un membre de votre équipage que vous envoyez en mission pour l'une des deux raisons suivantes :

1. Pour une mission suicide avec peu ou pas de possibilité d'échappatoire[1].
2. Car il s'agit d'un agent qui possède des informations fausses ou fabriquées de toutes pièces, de manière que, s'il se fait attraper, il fournisse à l'ennemi des informations erronées mais crédibles.

Les agents pions ne doivent pas connaître la véritable nature de leur rôle. Ils doivent être trompés. Ces agents n'ont pas beaucoup de valeur. Ils doivent être sacrifiés dans le cadre d'une tactique.

Agents survivants

Ces agents sont les hommes et les femmes qui forment la clé de voûte de votre opération de renseignements. Ces personnes doivent être intelligentes mais paraître stupides ou banales. Elles doivent posséder une forte volonté, une certaine force physique et être actives, courageuses et en bonne santé. Elles doivent avoir l'habitude des basses besognes et être capables d'endurer la faim, le froid, la chaleur et des conditions pénibles. Elles doivent également être capables de supporter les humiliations.

1. Paul Watson ne l'a jamais pratiquée.

Vos agents de renseignements doivent être proches de vous. Ils doivent également être félicités et récompensés généreusement.

Vous devez insister sur le fait que la confidentialité prime. Vos agents doivent être capables de se taire.

Lorsque vous choisissez un agent, recherchez une personne intègre, compétente et expérimentée.

Les agents doivent être traités avec bienveillance et franchise.

Un chef doit impérativement faire preuve d'une ingéniosité subtile afin de vérifier la sincérité des rapports de ses agents.

Soyez toujours subtil.

Utilisez régulièrement vos agents au cours de vos opérations.

La violation d'un secret doit être punie sévèrement.

Soyez toujours attentif à la présence d'agents ennemis.

Les agents convertis peuvent être employés pour recruter des agents infiltrés ou locaux.

Les renseignements obtenus par les agents locaux et internes peuvent être utilisés pour piéger un agent pion.

Tout renseignement obtenu par l'un des quatre types d'espions peut servir à l'agent survivant.

Les agents de renseignements ont pour objectif d'obtenir des informations sur les ennemis.

On obtient de meilleurs renseignements en utilisant des agents convertis ou des agents doubles. Ce type d'agent réunit des informations et permet aux autres d'avoir une longueur d'avance. Par conséquent, l'agent converti doit toujours être traité avec respect.

Les renseignements sont les éléments les plus importants en cas de conflit. Si la duperie est le fondement de la stratégie, les renseignements en sont la clé de voûte : ils appuient toutes les manœuvres stratégiques et opérations tactiques.

LES TRENTE-SIX STRATÉGIES

Miyamoto Musashi plaça l'imprudence de sa jeunesse sur l'enclume d'études disciplinées. Avant de pouvoir dégainer l'épée de l'expertise, il dut dérouler les parchemins de la sagesse et se consacrer à l'étude de la stratégie. L'un de ces parchemins, d'origine chinoise, fut de la plus haute importance pour permettre au jeune Musashi de construire le fondement de sa stratégie. L'auteur de ce parchemin est actuellement inconnu. Ce sage anonyme a très certainement été influencé par Sun Tzu. Cette étude était, et est toujours, connue sous le nom des *Trente-Six Stratégies*. J'ai pris la liberté de traduire ces stratégies de manière fonctionnelle pour le militant écologiste.

Les voici :

1. **L'art de l'invisibilité**. Il s'agit de créer une situation qui, avec le temps, devient familière, ou qui donne une impression familière. Au sein de cette situation, le stratège peut se déplacer et manœuvrer sans être vu. Cela signifie que l'activiste doit se mêler à la communauté. Il doit mettre en place une routine qui pousse les observateurs à penser que ses mouvements sont tout à fait normaux. Il s'agit de l'art de ne pas attirer l'attention. Grâce à cette stratégie, le fameux Fox réussit à accéder au siège de la société Standard Oil à Chicago. Il était déguisé en peintre et sa tâche consistait, en apparence, à peindre le bureau du PDG. Il s'y attela pendant l'heure du déjeuner et peignit le bureau avec du pétrole à l'odeur nauséabonde et des carcasses d'oiseaux, de grenouilles et de poissons.
2. **La stratégie du grand frère**. Lorsqu'un groupe "fort" défie une organisation plus faible, un troisième groupe peut venir défendre la plus faible. Il obtient ainsi sa confiance et sa loyauté, et peut finir par absorber le groupe défendu sans créer un sentiment d'hostilité. Parallèlement, l'agression nuit au groupe agresseur qui peut en être affaibli. Le défenseur obtient un contrôle partiel qui évolue en contrôle total. David McTaggart utilisa cette stratégie lors de la

médiation d'un conflit entre Greenpeace Canada et Greenpeace USA en 1979. Il devint le président de Greenpeace International et obtint les pouvoirs absolus.

3. La valeur des amis. Si votre organisation est affaiblie, demandez de l'aide à vos amis et alliés. Si vous êtes affaibli en tant qu'individu, faites appel à vos amis. Demandez-leur de porter le poids du conflit pendant que vous rassemblez vos forces. Gardez à l'esprit qu'il existe différents types d'amis et d'alliés. Utilisez en premier lieu vos amis "superflus" et en dernier recours vos amis les plus précieux. Récompensez leurs contributions généreusement et cultivez la possibilité de les réutiliser.

4. Reposez-vous tout en épuisant votre adversaire. Forcez constamment votre ennemi à dépenser de l'énergie pendant que vous conservez la vôtre. Avant tout conflit, vous devez épuiser votre adversaire à l'aide de diversions et de fausses alertes peu coûteuses en ressources ou en énergie. Laissez votre ennemi venir à vous. Forcez-le à dépenser de l'énergie sans parvenir à un résultat. Observez-le, surveillez-le et, une fois qu'il est suffisamment affaibli, passez à l'attaque !

5. Pendant que les autres se noient, plongez à la recherche de la perle. Tirez parti des difficultés des autres pour faire avancer votre cause. Pendant qu'ils paniquent, restez calme et observez l'environnement en guettant toute opportunité d'avancer. Le guerrier serein avance adroitement parmi les décombres, choisit le nécessaire et s'enfuit inaperçu.

6. Faites un écran de fumée. Dévoilez de fausses informations sur vos intentions et vos mouvements. Laissez derrière vous de faux indices et signaux. Forcez votre adversaire à placer ses défenses et à mener ses attaques sur des fronts plus avantageux pour vous. Annoncez que vous allez lancer une action, puis menez-en une autre. Si vous utilisez régulièrement cette stratégie, une fois votre adversaire persuadé que vous bluffez, surprenez-le en faisant exactement ce que vous avez déclaré.

7. La matérialisation du fantôme. Arrangez la réalité, puis laissez des indices et des suggestions qui feront croire à votre adversaire que cette fabulation est réelle. Insinuez que vous êtes plus fort que vous ne l'êtes réellement. De cette façon, vous vous assurez une certaine sécurité à peu de frais.
8. Le magicien d'Oz. Il s'agit de mettre en place une fausse façade, de créer l'illusion d'un centre de force. Il fera office de paratonnerre qui attirera toutes les préoccupations de votre adversaire ; laissez-le se concentrer sur ce centre de force illusoire tandis que vous attaquez depuis l'obscurité.
9. La stratégie de l'observation passive. Surveillez votre adversaire et, s'il déclenche un conflit, observez sans intervenir. Soyez prêt à intervenir après la bataille pour récupérer ce qui peut être sauvé.
10. Cape et poignard. Infiltrez votre opposition et gagnez sa confiance. Lorsque vos adversaires vous font entièrement confiance, vous pouvez alors agir secrètement contre eux. Ce fut la stratégie de Sam LaBudde lorsqu'il embarqua à bord d'un thonier senneur panaméen afin de documenter le massacre des dauphins[1].
11. La stratégie du sacrifice. Le stratège doit être prêt à faire des sacrifices personnels au profit d'un objectif bien plus important. Lorsqu'un chef dirige une campagne, une croisade ou gère une organisation, il doit faire des sacrifices. La réalisation des objectifs de campagne passe avant toutes les autres considérations, y compris les soucis personnels.
12. La stratégie du système D. Un stratège doit tirer parti de toutes les occasions possibles. Pour ce faire, utilisez le matériel et les ressources disponibles, et cherchez à savoir ce que vous pouvez tourner à votre avantage. Lorsque vous agissez en secret, soyez toujours calme et comportez-vous normalement.

1. Cf. p. 60. La pêche au thon était et est encore, dans certains cas, particulièrement meurtrière pour les dauphins. Les premières images filmées à bord de thoniers senneurs montrant des dauphins agonisant dans les filets ont permis de faire évoluer la législation en la matière.

13. Levez le voile. Lorsque votre adversaire se cache et que vous ne connaissez pas sa stratégie, vous devez, en tant que guerrier, engager une action destinée à obtenir une réaction de sa part. Testez-le et observez sa force tactique et sa sagesse stratégique.

14. La stratégie de l'innovation et de l'imagination. Ne faites pas comme tout le monde et ne copiez pas les stratégies des autres. Mettez en place de nouvelles tactiques et ressuscitez celles qui ont été oubliées. La tactique du cloutage fut tout d'abord utilisée par les membres du syndicat Industrial Workers of the World au début du XXe siècle, avant d'être employée par les écologistes pour protéger les arbres pendant la seconde moitié du siècle. Vous devez approfondir et renouveler constamment votre stratégie, particulièrement dans une culture de masse où des informations considérées comme intéressantes aujourd'hui deviennent obsolètes le lendemain.

Par exemple, percuter un baleinier, comme je l'ai fait en 1979, faisait les gros titres, mais ce n'était plus suffisant quelques années après. Par la suite, nous avons coulé un baleinier ; quelques années plus tard, nous avons dû couler la moitié d'une flotte baleinière. La culture de masse exige de l'innovation et de l'imagination, le tout accompagné d'un visuel accrocheur et d'un effet dramatique.

15. L'approche du général Wolfe. En 1759, le général Wolfe vainquit le général Montcalm à la citadelle de Québec en poussant le chef français à quitter la ville pour combattre les Anglais sur les plaines d'Abraham. Montcalm fut battu alors qu'il aurait pu se défendre derrière les remparts de la ville. Cette stratégie consiste à forcer votre adversaire à quitter sa forteresse et à vous rejoindre. De cette manière, vous choisissez le terrain et les règles du combat.

16. La stratégie de la patience. Ne pressez pas vos adversaires : un ennemi acculé est extrêmement dangereux. Restez patient, continuez à observer votre adversaire et laissez-le s'enfuir. Une fois son énergie épuisée, capturez-le.

17. Échangez du verre contre des diamants. Offrez quelque chose de valeur apparente pour entraîner la production de quelque chose d'une plus grande valeur. Il faut du nectar pour attirer les abeilles, de l'argent pour attirer l'argent, du pouvoir pour attirer le pouvoir. Donnez l'impression d'être plus riche et plus fort que vous ne l'êtes réellement.

18. **Capturez le général pour soumettre l'armée**. Lorsque votre opposition se trouve en nombre supérieur, concentrez votre attention sur l'élimination du chef.

19. **Versez de l'eau sur la poudre**. Si votre adversaire est trop puissant pour être vaincu lors d'une confrontation directe, concentrez-vous sur la destruction de ses ressources et du moral de ses partisans.

20. **La stratégie de la confusion**. Utilisez la confusion pour mener à bien votre campagne et tirez parti du trouble de votre adversaire. Poussez-le à la confusion pour obtenir le soutien de ses partisans.

21. **La stratégie du homard**. Lorsqu'un homard mue, il laisse sa carapace derrière lui et poursuit sa route. Un stratège doit parfois faire croire qu'il est resté à un endroit précis après qu'il s'est déplacé vers un autre.

22. **Enfermez les poules pour garder les œufs**. En d'autres mots, gardez les agents infiltrés de votre adversaire sous contrôle. Si vous les découvrez, faites comme si ce n'était pas le cas et continuez à les observer. S'ils s'enfuient, ne gaspillez pas votre énergie à les poursuivre.

23. **Gardez vos alliés loin de vous, mais vos ennemis près de vous**. Ne laissez pas vos alliés connaître vos forces ou vos faiblesses. Soyez aimable avec eux tout en gardant vos distances. La discrétion est à la fois votre meilleur bouclier de défense et votre meilleure arme de combat. Gardez un œil sur les mouvements de vos alliés, surveillez attentivement vos ennemis et soyez au courant de tous leurs mouvements. Connaissez votre ennemi intimement et votre allié impersonnellement.

24. **La stratégie de la manipulation**. Si deux de vos ennemis sont également ennemis l'un de l'autre, utilisez les équipements du

plus naïf d'entre eux pour vaincre votre ennemi mutuel. Après avoir vaincu le premier ennemi, tournez les équipements de votre "allié" à votre avantage ; vous le vaincrez ainsi sur son propre terrain.

25. **Séduisez les militants de votre adversaire**. Tentez continuellement de recruter les militants talentueux de votre adversaire : vous en serez renforcé tandis que votre ennemi s'en trouvera affaibli.

26. **L'art du châtiment indirect**. Si vous devez critiquer un bon soldat ou allié, critiquez plutôt une personne moins importante pour la même erreur et faites en sorte que le premier soit témoin de la réprimande.

27. **La stratégie de l'ignorance**. Pour atteindre un objectif, vous devrez parfois feindre l'ignorance, la stupidité ou l'incompétence. Néanmoins, faites-le avec brio : votre performance doit être imperceptible ou de nature à dissimuler votre stratégie.

28. **Le point de non-retour**. Vous devez amener votre opposant à un point de non-retour en l'attirant par des avantages et des opportunités.

29. **La stratégie du feu d'artifice**. Si vous ne pouvez pas atteindre vos objectifs en agissant, déconcertez votre adversaire en proférant des stupidités. Trompez-le par des effets dramatiques brillants, créez des illusions et éblouissez votre cible par votre extravagance et votre rhétorique enflammée. Mettez en place un cirque et transmettez votre message par son biais, éduquez tout en divertissant, exploitez les mythes existants et créez vos propres légendes.

30. **Ne transformez pas votre invité en maître de maison**. Il arrive parfois qu'un client prenne le contrôle d'une société. Faites attention lorsque vous conférez une certaine influence à un client, un directeur ou une partie intéressée au sein de votre organisation. Surveillez attentivement les signes montrant une volonté de contrôle de la part de vos agents de terrain.

31. **La stratégie du charme féminin**. Cette stratégie permet aux femmes d'exploiter la faiblesse de beaucoup d'hommes facilement

influencés par le charme et la sexualité. Les femmes peuvent parvenir à leurs fins plus facilement que les hommes en se servant de la séduction. En Afrique, en 1978, nous avons eu la possibilité de rencontrer le ministre d'un gouvernement pour la simple raison que nous avions une belle femme dans nos rangs. Il lui a dit tout ce dont nous avions besoin. C'est une stratégie qui sera sûrement critiquée par les éco-féministes mais, ce faisant, elles sacrifient ce qui est peut-être leur approche la plus redoutable. Le charme féminin est une force qui doit être mise à notre profit et qui comprend la séduction, la tentation et la manipulation des désirs sexuels. En parallèle, nos hommes doivent être conscients que cette stratégie peut également être utilisée contre eux. Une femme agent secret a par exemple réussi à infiltrer le bureau de Greenpeace en Nouvelle-Zélande parce que les hommes allaient jusqu'à lui murmurer des informations confidentielles à l'oreille. Pour nos femmes, toute opportunité d'obtenir ce que l'on veut des adversaires masculins doit être exploitée. Cette stratégie s'applique également pour séduire aussi bien des personnes hétérosexuelles qu'homosexuelles, hommes ou femmes. Exploiter toute faiblesse au profit d'une cause ou d'un objectif n'est que stratégie et ne peut qu'aller dans notre sens.

32. **La stratégie de la vulnérabilité**. Si vous apparaissez plus faible que vous ne l'êtes, votre adversaire peut faire trois erreurs : s'en enorgueillir et devenir complaisant, ce qui vous donne un avantage ; devenir agressif et arrogant, ce qui vous laisse une chance de contrôler sa destruction ; ou bien comprendre que vous essayez de le berner, ce qui motivera sa retraite.

33. **La stratégie des agents doubles**. Tentez de manipuler les agents de votre adversaire afin qu'ils soient forcés de travailler dans votre intérêt.

34. **L'art de se faire passer pour une victime**. Feignez d'être une victime de votre propre organisation dans le but de gagner la confiance et le soutien de votre adversaire.

35. **La stratégie des satellites**. Ne vous contentez pas d'une seule stratégie mais utilisez-en plusieurs. Changez vos tactiques, renouvelez-les, laissez libre cours à votre imagination pour en inventer de nouvelles, faites en sorte que votre opposant ne se repose jamais.
36. **L'art du repli**. Ne combattez jamais face à des forces supérieures. Trois options s'offrent à vous : vous rendre, négocier ou vous enfuir. La capitulation signe votre défaite et n'est pas recommandée. La négociation implique votre défaite partielle et ne doit être utilisée qu'en ultime recours. La fuite vous sauve de la défaite. Tant que vous ne connaissez pas la défaite, il vous reste une chance de vous renforcer et de connaître la victoire. Chaque problème a trois solutions : accepter, nier, résoudre. Accepter n'est pas acceptable. Nier ne l'est pas plus. La seule possibilité pour l'éco-guerrier est de résoudre les problèmes. Si vous n'avez pas de solution, il ne vous reste plus qu'à vous replier jusqu'à ce que vous en trouviez une.

LE VAISSEAU TERRE

Nous vivons à bord d'un vaisseau!

Comme dans tout autre vaisseau, nous voyageons à travers le vaste cosmos, sur une trajectoire qui gravite autour de la Voie lactée à une vitesse folle. Certes, nous n'atteignons pas la vitesse de distorsion du vaisseau imaginaire de *Star Trek*. Néanmoins, nous approchons les 250 kilomètres par seconde ou 900 000 kilomètres par heure.

Même à cette vitesse, une année cosmique, le temps nécessaire pour que notre planète fasse le tour de notre galaxie, équivaut à 250 millions d'années. En vérité, le vaisseau Terre n'a fait à ce jour que vingt tours complets autour de notre galaxie. En tant que passagers, nous, humains, n'avons réalisé jusqu'ici qu'un séjour ridiculement insignifiant. L'ironie veut que la dernière fois que notre planète occupait cette même position au cours de son dernier tour se situe entre les périodes du Permien et du Trias, lorsque des extinctions massives ont anéanti des millions d'espèces et mené à l'émergence des dinosaures.

Parmi les cinq grandes extinctions massives dans l'histoire de notre planète, celle-ci fut la plus importante, avec entre 90 et 96 % des espèces marines et 70 % des espèces végétales et animales terrestres anéanties.

On surnomme cette crise "la grande extinction". On dit qu'elle fut la conséquence de la rupture du supercontinent de la Pangée, qui a coupé la circulation de l'eau de mer et transformé les océans en marais stagnants empoisonnés au dioxyde de carbone. La planète a mis plus de vingt millions d'années à s'en remettre et nous nous retrouvons à un seuil où la sixième extinction massive menace notre propre existence, outre celle de millions d'espèces.

Comme n'importe quel autre vaisseau spatial, la Terre possède une coque externe et un champ de force pour protéger les occupants des radiations spatiales. Elle est dotée d'un puissant moteur pour se diriger à travers l'espace et alimenter le système de maintien de la vie. Le moteur est externalisé à près de 150 millions de kilomètres, mais cette gigantesque fournaise nucléaire nous envoie tout de même de l'énergie sous forme de lumière et de chaleur en huit minutes, sans jamais tomber en panne. On l'appelle MEGASPEED[1].

Comme tout autre vaisseau spatial, la Terre est dotée d'un générateur interne qui fournit de l'énergie électrique, magnétique et thermique supplémentaire. Cette centrale d'énergie est bien protégée au cœur du vaisseau. Elle possède un système de maintien de la vie qui nous approvisionne en oxygène, en nourriture et en eau. Il nous aide à respirer, il nous nourrit, nous abreuve et nettoie nos déchets. Il maintient un système de régulation du climat qui nous garde au chaud, hydratés et stimulés. Il s'occupe même de notre corps lorsque nous mourons. De notre naissance à notre mort, ce système complexe de maintien de la vie nous apporte absolument tout ce dont nous avons besoin.

Ce système a un nom : la biosphère.

Il s'agit d'un système complexe entretenu par des organismes vivants, œuvrant avec des éléments chimiques de base dans un milieu principalement aquatique.

L'eau est un fluide essentiel qui subvient aux besoins de chaque cellule à bord du vaisseau spatial. Elle est en mouvement perpétuel et se transforme constamment de l'état liquide à celui de gaz puis à l'état solide avant de revenir sous forme liquide dans un grand système de circulation. Ce système véhicule les nutriments et élimine les déchets dans une boucle infinie qui maintient la vie à bord du vaisseau.

L'eau se déplace de la glace à la mer en passant par les nappes phréatiques et en montant jusque dans l'atmosphère. Elle circule à travers les cellules de toute matière vivante. Le passage de l'eau froide à l'eau chaude dans la mer et l'atmosphère alimente les vents, la

1. Pour *Magnetic Energy Gravitational and Solar Powered Earth Ecology Drive*, soit "moteur écologique terrestre fonctionnant grâce à l'énergie solaire, à la gravitation et à l'énergie magnétique". *(N.d.T.)*

pluie, les tempêtes, les courants, et propulse l'eau à travers le système comme un cœur géant alimente chaque organisme de notre planète.

Comme dans tout vaisseau spatial, la Terre transporte un équipage et des passagers.

Nous, humains, ne sommes que d'humbles passagers. Nous sommes embarqués et passons le plus clair de notre temps à nous divertir. Nous avons tendance à oublier la présence de ce système de maintien de la vie dans le vaisseau que nous occupons confortablement. En réalité, nous tous, nous y avons pris tellement d'aise que nous proliférons jusqu'au point de nuire au système de maintien de la vie sur le vaisseau Terre.

Plus précisément, nous détruisons l'équipage qui assure le fonctionnement du système. En réalité, nous ne nous soucions guère de cet équipage. Nous traitons ses membres comme des moins que rien, parfois avec dégoût mais le plus souvent avec apathie.

Pourtant, notre existence dépend d'eux.

Les bactéries, les algues, le plancton, les arbres, les plantes en fleurs, les vers, les abeilles, les fourmis et les scarabées, les mouches et les poissons.

Ils sont les êtres irremplaçables qui entretiennent le système de maintien de la vie. Ce sont eux qui composent l'équipage du vaisseau Terre, qui nous nourrissent et nous apportent ce qui nous est vital.

En échange, nous les éliminons, nous détruisons leur force de transport, nous les éradiquons, nous les conduisons à l'extinction dans la plus grande indifférence. Cela sans le moindre remords ou sentiment de culpabilité, sans même nous rendre compte de ce que nous faisons.

Ils sont insignifiants à nos yeux, sans importance, bien que ces créatures "inférieures" que nous n'apprécions pas à leur juste valeur nous permettent de rester sains et saufs à bord du vaisseau Terre.

En réalité, ils valent bien plus que nous.

Les vers valent bien plus que les êtres humains. Les abeilles et les fourmis, les arbres et les poissons aussi.

Pourquoi cela ?

Parce que nous avons besoin d'eux pour survivre mais qu'eux n'ont pas besoin de nous.

Les mammifères et les humains en particulier ne participent que très peu à la maintenance du vaisseau Terre. D'une manière générale, les humains sont uniquement des mauvaises herbes douées de conscience. Nous avons beau nous croire splendides, nous avons beau proliférer comme des champignons, nous avons beau nous prendre pour la huitième merveille du monde, la vérité n'en est pas moins que nous existons uniquement grâce à la présence de milliards de créatures de millions d'espèces différentes. Sans elles, il n'y aurait pas d'art, de musique, de poésie, de science, de civilisation.

Un monde sans vers ou sans ne serait-ce qu'une poignée d'espèces de bactéries serait un monde sans hommes.

Nous allons jusqu'à nous duper nous-mêmes en nous considérant comme des individus. Il n'en est rien. Chaque humain n'est qu'un ensemble d'espèces.

Un trillion de bactéries vivent à l'intérieur et à la surface de notre corps, pesant à elles toutes près d'un kilo de notre poids. Entre 800 et 1 000 espèces de ces créatures microscopiques habitent sur nous ou en nous.

Elles ne peuvent être considérées comme des parasites car nous avons besoin d'elles tout comme elles ont besoin de nous. Elles digèrent notre nourriture, fabriquent les vitamines pour nous, nous protègent des bactéries hostiles et vont jusqu'à nous brosser la peau et les cils.

Elles sont aussi importantes pour nous que le sont nos yeux et notre peau.

Un dicton raconte que nul homme n'est une île, complet en soi-même. Cela est d'autant plus vrai que tout homme est une nation peuplée par un trillion de formes de vie individuelles.

Nous sommes intimement connectés au vaisseau Terre. Si nous affectons n'importe quelle partie de cette planète, nous nous rendons compte que tout est relié.

Nous sommes des Terriens qui vivent sur une planète Océan. Le terme "Terrien" comprend la moindre espèce qui occupe cette magnifique sphère bleu et blanc, ce fantastique navire de vie qui resplendit comme un joyau dans un système solaire au contraire stérile, traversant à toute vitesse une vaste galaxie de cent milliards d'étoiles. Parmi celles-ci, des millions alimentent des vaisseaux semblables au nôtre, peuplés de formes de vie propres aux circonstances dans lesquelles la vie a évolué sur chacun d'eux.

Tous ces vaisseaux sont de grandes expériences naturelles. Nombreuses sont celles qui s'autodétruiront et celles qui évolueront au fur et à mesure de leur périple à travers l'immensité du cosmos.

De notre côté, nous pouvons nous demander combien de temps l'humanité pourra survivre dans un vaisseau où des passagers cruels visent à anéantir l'ensemble de l'équipage du vaisseau Terre.

POSTFACE

L'objectif de cet ouvrage de stratégie était d'établir des principes de base à destination de chaque guerrier.

La sagesse de Sun Tzu a pour but de vous guider. La stratégie que vous devez adopter pour atteindre vos objectifs doit provenir uniquement de votre plus profonde intuition. Votre stratégie intuitive doit être renforcée par votre imagination ardente et propulsée par la puissance de votre volonté.

N'oubliez jamais que la force de votre volonté, les flammes de votre imagination et la sagesse de votre intuition ne peuvent renverser les lois physiques de l'univers.

Toute action est suivie d'une réaction de même intensité dans le sens contraire. Par conséquent, les lois karmiques doivent être respectées.

Une fois que ces lois sont comprises, le chemin vers la conquête de la liberté devient plus facile à arpenter.

Les ombres ne peuvent que faire semblant d'être des guerriers. Elles peuvent emprunter leurs gestes mais ne font que singer les véritables guerriers. Les humains qui sont esclaves de la sécurité, du matérialisme, des émotions, du plaisir, de la douleur, de la violence, de l'arrogance, du désir et de la dépendance ne sont que des ombres.

Nous sommes emprisonnés dans notre souffrance et nos plaisirs nous le rappellent. Seules les cartes de l'imagination peuvent nous aider à guider notre discipline pour renverser les tentations propres aux ombres de la réalité anthropocentrique.

Le premier pas vers la liberté consiste à aller au-delà de la réalité anthropocentrique, à la transcender. Axez votre esprit de manière à dépasser les mythes prétendus fondamentaux, construits par les cultures humaines nombrilistes. Une fois que votre esprit sera blindé, vous serez libre de prendre part à la bêtise humaine en toute conscience.

Un guerrier est un être de puissance. La puissance ne peut être acquise que par la discipline. La discipline ne peut être maintenue que par la volonté. La volonté doit être alimentée par l'imagination. L'imagination tire sa puissance de l'intuition.

Tirez vos enseignements des habitants de la Terre, qu'ils soient humains ou non, ils seront vos professeurs. Apprenez par l'intuition à voir la sagesse et à rejeter l'ignorance.

Ne vous enlisez surtout pas dans la boue de la mesquinerie. Tous les problèmes individuels peuvent être résolus, soit en y trouvant une solution soit en les acceptant.

Ne vous souciez pas de l'opinion des autres sur vous. La stratégie d'un militant éco-guerrier est de dire des choses impopulaires pour emmerder les gens, d'entreprendre des actions qui les énerveront ou les perturberont, et d'affronter courageusement des situations et des idéologies que personne n'avait jusqu'ici osé attaquer.

C'est le devoir de l'éco-guerrier que d'avoir recours à des actions, d'utiliser la parole, la plume et la caméra pour faire réfléchir et pousser au changement. Le guerrier est un instigateur du changement. Les actions, les objectifs et le mode de vie exemplaire qu'il adopte sont plus importants que l'ego mortel des individus.

En adoptant la voie d'un guerrier et en consacrant ma vie à protéger et servir ma planète, j'ai été considérablement récompensé.

À présent, à soixante-quatre ans, je peux dire en toute honnêteté que je suis très satisfait de ma vie et de ce que j'ai accompli. J'ai sauvé des vies. Parce que j'ai agi, des milliers de loups, de bisons, de baleines et de séquoias, des dizaines de milliers de dauphins, des centaines de milliers de phoques et des millions de poissons ont survécu et ont eu la possibilité de perpétuer leur espèce.

Si les loups, les baleines, les dauphins et les séquoias survivent à l'holocauste organisé par l'homme, ce sera en partie parce que mon équipage et moi-même avons eu l'audace d'intervenir dans les affaires anthropocentriques des hommes égoïstes.

L'homme qui a raison est une majorité. Celui qui a Dieu [la Terre] et le sens moral de son côté a la majorité. Bien qu'il ne représente pas l'état actuel, il représente l'état futur. S'il ne représente pas ce que nous sommes, il représente ce que nous devrions être.

FREDERICK DOUGLASS[1]

N'oubliez pas qu'il est dans la nature d'un guerrier d'agir. Ne soyez pas intimidé par la force écrasante de l'opposition. Ne soyez pas accablé par les prédictions pessimistes. Un vrai guerrier doit accepter les défis et transformer l'impossible en possible.

Dans la mesure où vous vivez dans cette époque pénible, c'est votre rôle d'affronter les situations créées par l'ignorance et la faiblesse de l'homme. Vous devez mener vos actions par amour du futur et de tous les enfants à venir de toutes les espèces.

Ne soyez pas gêné de hurler avec les loups. N'ayez pas peur de nager avec les requins. Ne soyez pas fier au point d'oublier l'art de l'araignée, la sagesse de la baleine, la force de la fourmi ou la beauté de la planète.

Par-dessus tout, reconnectez-vous avec la Terre. Allez sentir la boue entre vos orteils, humer l'odeur des forêts, danser avec les étoiles et exalter votre animalité.

Invitez-vous à la table de la Terre, notre mère. Buvez lorsque vous avez soif et mangez lorsque vous avez faim. Nourrissez le sol des forêts lorsque l'envie vous vient.

Endormez-vous dans les bras de la Terre, sous les étoiles quand vous le pouvez. Faites-le dès que la situation se présente.

N'hésitez pas à rire lorsque vous êtes joyeux, à pleurer lorsque vous êtes triste, à crier haut et fort votre plaisir à l'apogée de l'union sexuelle.

1. Frederick Douglass, *The Fugitive Slave Law*, 1852. Texte paru en anglais dans *The Frederick Douglass Papers*, New Haven ; Londres, Yale University Press, 1979.

Redevenez animal, redevenez primate, retournez dans la peau du monstrueux cousin simiesque que vous êtes. Prouvez que vous êtes vivant et vivez, vivez encore et encore.

L'amour de la vie inspire la passion pour la vie qui elle-même motive la défense passionnée de la vie. Ironiquement, une telle passion pour la vie entraîne l'acceptation et la compréhension de la mort et de son importance dans la danse vibrante du Continuum.

Les militants écologistes sont peut-être pénibles et chiants pour les autorités en place aujourd'hui mais, pour les peuples à venir, nous serons des ancêtres respectés.

REMERCIEMENTS

J'aimerais remercier Lamya Essemlali, mon assistante, qui m'a permis de mener ce projet à terme.

SEA SHEPHERD

Sea Shepherd est une ONG de défense de l'océan fondée en 1977 par le capitaine Paul Watson, à la suite de son départ de Greenpeace. Déterminé à mener des actions "coups de poing" et à dépasser le stade de l'indignation et de la protestation, Paul Watson a créé Sea Shepherd, selon un *modus operandi* basé sur l'intervention directe en haute mer, mais aussi, dans certains cas, dans les eaux territoriales. Avec Paul Watson à la barre depuis bientôt quarante ans et des centaines de missions ciblant le braconnage en mer, Sea Shepherd est devenue l'organisation de défense des océans la plus activiste au monde. Présente aujourd'hui en de nombreux points du globe, elle mène des assauts musclés contre la pêche illégale, visant à défendre les charismatiques baleines, mais aussi les requins, considérés à tort comme des "mangeurs d'homme", les dauphins, les thons, les tortues, les phoques ou encore les concombres de mer.

Représentée à ce jour dans plus de trente pays et à la tête d'une flotte de six navires qui mènent plusieurs actions chaque année, l'organisation repose sur la force vive de milliers de volontaires issus de plus d'une vingtaine de nationalités, aux âges et aux profils variés, tous mus par la volonté de rejoindre les rangs de "la Marine de Neptune", nom que Paul Watson donne à cette flotte exclusivement dédiée à la protection de la vie en mer.

En parallèle des actions maritimes, Sea Shepherd s'efforce d'alerter l'opinion publique et les médias sur les ravages causés en mer par la pêche illégale et la pêche industrielle, les pollutions et le changement climatique. Le message principal de l'organisation étant que le sort de l'humanité est intimement et indéfectiblement lié à celui des océans. Comme le résume Paul Watson : "Si les océans meurent, nous mourrons."

L'antenne française de Sea Shepherd, fondée en 2006, est aujourd'hui l'une des plus importantes au monde.

Plus d'informations sur : www.seashepherd.fr

CATALOGUE DU DOMAINE DU POSSIBLE

ÉDUCATION
... Et je ne suis jamais allé à l'école, André Stern, 2011.
La Ferme des enfants, Sophie Rabhi, 2011.
Ces écoles qui rendent nos enfants heureux, Antonella Verdiani, 2012.
Enseigner à vivre, Edgar Morin, 2014.
L'École du Colibri, Anne Lamy et Isabelle Peloux, 2014.

ALIMENTATION
Manger local, Lionel Astruc et Cécile Cros, 2011.
Le Manuel de cuisine alternative, Gilles Daveau, 2014.
Plaisirs cuisinés ou poisons cachés, Jérôme Douzelet et Gilles-Éric Séralini, 2014.

AGRICULTURE
L'Agriculture biologique pour nourrir l'humanité, Jacques Caplat, 2012.
Le Manuel des jardins agroécologiques, Pierre Rabhi, 2012.
Permaculture, Perrine et Charles Hervé-Gruyer, 2014.
Changeons d'agriculture, Jacques Caplat, 2014.

ÉCONOMIE
Le Syndrome du poisson lune, Emmanuel Druon, 2015.

ÉNERGIE
Manifeste Négawatt, Marc Jedliczka, Yves Marignac et Thierry Salomon, 2012.
Changeons d'énergie, Marc Jedliczka et Thierry Salomon, 2013.

INITIATIVES DE LA SOCIÉTÉ CIVILE
Éloge du génie créateur de la société civile, Pierre Rabhi, 2011.
(R)évolution, Lionel Astruc, 2012.
Pierre Rabhi, semeur d'espoirs, Olivier Le Naire et Pierre Rabhi, 2013.
Vandana Shiva, Lionel Astruc, 2014.

ÉCOLOGIE ET BIODIVERSITÉ
Du bon usage des arbres, Francis Hallé, 2011.
Plaidoyer pour l'herboristerie, Thierry Thévenin, 2013.
La Biodiversité, une chance, Sandrine Belife et Gilles Luneau, 2013.

Ouvrage réalisé
par l'Atelier graphique Actes Sud.
Achevé d'imprimer
en février 2015
par Normandie Roto Impression s.a.s.
61250 Lonrai
sur papier fabriqué à partir de bois provenant
de forêts gérées durablement (www.fsc.org)
pour le compte
des éditions Actes Sud
Le Méjan
Place Nina-Berberova
13200 Arles.

Dépôt légal
1re édition : mars 2015
N° impr. : 1500830
(Imprimé en France)